Als Sandmann habe ich Dir, mein Constantin, von einem Murmeltier-Jungen erzählt. Die Geschichte, die sich daraus entwickelte, widme ich Dir und meinen anderen neun Enkelkindern sowie Urenkelin Mila.

Die Deutsche Nationalbibliothek verzeichnet diese Publikation in der Deutschen Nationalbibliografie; detaillierte bibliografische Daten sind im Internet über dnb.dnb.de abrufbar. Die Schweizerische Nationalbibliothek (NB) verzeichnet aufgenommene Bücher unter Helveticat.ch und die Österreichische Nationalbibliothek (ÖNB) unter onb.ac.at.

Unsere Bücher werden in namhaften Bibliotheken aufgenommen, darunter an den Universitätsbibliotheken Harvard, Oxford und Princeton.

Autor: Rainer Mauritz
Titel: *OKO ein Murmeltier geht auf Reisen*
Illustrationen: Helmut Wenninger
Grafik und Satz: Birgit Mauritz

ISBN: 978-3-03886-026-6

Die Österreichische Literaturgesellschaft ist ein Imprint der Europäische Verlagsgesellschaften GmbH Erscheinungsort: Zug

© Copyright 2019

Sie finden uns im Internet unter:
www.literatur-gesellschaft.at
Die Österreichische Literaturgesellschaft unterstützt die Rechte der Autoren. Das Urheberrecht fördert die freie Rede und ermöglicht eine vielfältige, lebendige Kultur. Es fördert das Hören verschiedener Stimmen und die Kreativität. Danke, dass Sie dieses Buch gekauft haben und für die Einhaltung der Urheberrechtsgesetze, indem Sie keine Teile ohne Erlaubnis reproduzieren, scannen oder verteilen. So unterstützen Sie Schriftsteller und ermöglichen es uns, weiterhin Bücher für jeden Leser zu veröffentlichen.

RAINER MAURITZ
ILLUSTRATIONEN HELMUT WENNINGER

OKO

EIN MURMELTIER GEHT AUF REISEN

KAPITEL 1

Der Winterschlaf dauert sieben bis acht Monate.

Die Familienmitglieder lagen zusammengerollt, Rücken an Rücken, den Kopf zwischen den Hinterbeinen.

Die Zugänge des Baus sind verstopft mit Heu, das auch gleichzeitig als Polsterung und ausgezeichnete Wärmedämmung der Schlafkessel dient.

Es war im Bau schon etwas Bewegung. Die mageren Murmeltiere hatten die Reserven verbraucht, der Hunger meldete sich und glücklicherweise verspürte OKO schon ein wenig Wärme, die von außen durch die Ritzen hereindrang.

Auf dem Felsen, unter dem sich der Bau befand, lag noch Schnee. Die Alpenwiese war eine Schneelandschaft, aber es gab schon apere Stellen, wo Gräser und Erde sich gegen Schnee und Eis durchgesetzt hatten. Monatelang hatte sich die Sonne hinter dem Bergkamm versteckt. Die Nächte waren lang, die Tage dämmrig. Wie abgestorben. Selbst wenn es keinen Frost hatte, war es kalt. Leblos kalt.

Die sonst so imposanten Gipfel und Kuppen waren konturlos. Das Grauweiß der Alpen verschmolz mit dem Grauweiß des Himmels. Keine Silhouetten. Keine Schatten, die auf den Gegenhängen spiegelten. Das Herz der Bergriesen hatte anscheinend aufgehört zu schlagen.

Alle Tiere, die keinen Winterschlaf hielten, waren schon sauer. Sogar die weißen Schneehasen mümmelten lustlos an schneefreien Stellen und an Latschen herum. Die normalerweise so gefährlichen Adler waren wenig zu fürchten, da sie um Kraft zu sparen die Tage ruhend in ihren Horsten verschliefen. Die majestätische Bedrohung vom Himmel , mit der konnten die Hasen leben, nicht mehr jedoch mit dem ewigen Einerlei der Kälte und Schneewüste.

Doch siehe da, auch ewig währt in der Natur nicht ewig.

Über den Höllerer war gestern erstmals wieder Sonnenlicht herüber gekrochen, blinzelnd, zögernd, aber es ist angekommen. Heute waren es schon richtige Sonnenstrahlen, die sich über die Alm breiteten. Bündel von Licht voll Wärme. Die Kristalle des harschen Schnees funkelten wie Edelsteine.

KAPITEL 2

Schneehasen bekamen wieder Lebenslust und die Bergdohlen, bis gestern noch träge ihre Kreise ziehend, waren übermütig und schreiend unterwegs. Mit waghalsigen Loopings und Sturzflügen teilten sie der ganzen Welt ihr neues Glück mit. Die ersten Fliegen und Mücken, die irgendwo überwintert hatten, waren plötzlich wieder in der Luft. Es ging ein Ruck durch die Alm „Winter Ade!"

Am azurblauen Himmel zogen brummende, silberne Vögel lange weiße Streifen nach. Manche parallel, manche kreuzten sie sich, lösten sich langsam in kleine Wölkchen auf, verschwanden wieder.

Im Bau hat man den leichten Anstieg der Temperaturen auch bemerkt, die braunen Kugeln bewegten sich unmerklich. In dem fast 70 Meter messenden Tunnelbau mit vielen Höhlen und Gängen, die durch die Aufbauarbeit vieler Generationen von Murmeltieren entstanden waren, begann neues Leben.

Die Heureste wurden aus den Ein- und Ausgängen gezupft und gestoßen.

Das Heu hat nicht nur die Eiseskälte von den Murmlern ferngehalten sondern auch Schutz vor Eindringlingen gewährt. Schlafende Murmeltiere sind leichte Beute für Fuchs und Marder.

So langsam und tollpatschig Murmeltiere aussehen, jetzt wurden sie richtig rege und bewegten sich flink bei den Arbeiten, die ihnen der Alte angeschafft hatte.

Die Reste ihrer Vorratslager wurden geräumt. Über das natürliche Ablaufdatum hinaus wurden keine Nahrungsvorräte im Bau belassen. Die beiden Toilettenhöhlen gesäubert.

Zwei Murmelsenioren, die den Winter nicht mehr überlebt hatten, wurden aus dem Bau gezogen und in den Graben, der zwar noch kein Wasser führte, gelegt und verabschiedet. Mit der Schneeschmelze würden die Kadaver abtransportiert werden.

Jeder, der die Alten gekannt hatte, stieß sie mit der Nase an, drehte ab und widmete sich dem neuen Lebensjahr, das nun mit den ersten Sonnenstrahlen für fünf, maximal sechs Monate begonnen hatte.

Bereits in den nächsten Tagen bewirkte die Wärme der Sonneneinstrahlung, dass der leere Graben sich mit fließendem Schmelzwasser füllte, das die beiden toten Murmler zu ihrer Endlagerstätte mehr oder weniger behutsam verfrachtete.

Die Jungmurmler, die den ersten Winterschlaf erlebt hatten, beteiligten sich nicht an der Zeremonie. Einerseits kannten sie die Verstorbenen nicht, außerdem konnte ja auch ein Adler die Gelegenheit nutzen, sich so ein unvorsichtiges Jungtier zu holen. Hunger auf Frischfleisch hatten die Adler allzumal. Vor allem, da sie wieder voll Lebensmut ihre Kreise zogen. Weit oben. Aber alles, was unten geschah, entging ihnen nicht.

Mehrere dieser Wassergräben schlossen sich weiter unten zusammen und speisten einen bescheidenen Wasserfall, der ins Pfossental abfiel.

Das Südtiroler Pfossental endet beim Gasthaus „Jägerrast", wo man übrigens einen hervorragenden Bergkäse bekommt. Von der Jägerrast aus folgt der Wanderer dem Weg 39 hinauf in Richtung Eishöfe, steht im Wanderführer geschrieben.

Bevor er dann beim Mitterkaser seine verdiente Jause nach dem Aufstieg genießt, hat er vielleicht den Duft des wilden Thymians wahrgenommen, die windzerzausten, verkrüppelten und doch mächtigen Zirben bestaunt und auch das eine oder andere Murmeltier beobachtet.

Das nur zum geografischen Hinweis, wo unsere Geschichte, die über die Erlebnisse OKOs berichtet, beginnt.

Auf der weiten Almfläche vor dem Steig hinein zu den Eishöfen war die Festung unserer Murmeltierfamilie Generation um Generation gebaut und erweitert worden.

Die nächsten Tage und Wochen verliefen so richtig nach dem Geschmack der jungen Murmeltiere. OKO hatte sechs Geschwister, die gemeinsam mit ihm den ersten Winterschlaf hinter sich hatten. Sie sahen alle ganz gleich aus, sie zu unterscheiden war für Außenstehende unmöglich. Einzig OKO hatte eine weiße rechte Fußspitze. Was sehr selten war, denn normalerweise sind Murmeltiere braun, komplett braun. Er hatte ein Kennzeichen für ein besonderes Schicksal mitbekommen. An das Leben vor dem Winterschlaf konnten sich die Jungtiere nicht mehr erinnern. So kurz war die Zeit gewesen.

Aber jetzt gings murmeltierbärig los.

Trotz der strengen Ordnung, die unbedingt zu beachten war. Der Alte, es war das Oberhaupt der Murmeltierkolonie, sah alles, beobachtete alles, gab Anweisungen, denen Folge zu leisten war. Aber auch Ratschläge und Warnungen kamen von ihm.

Sein Hauptaugenmerk galt der Sicherheit seiner Familie. Wenn ein Adler weit oben kreiste, ein Pfiff, und alle hatten in den Bau zu flüchten, so schnell es ging. Wenn er einen Fuchs bemerkte, was allerdings sehr selten war, pfiff er dreimal hintereinander. Denn Reineke war bedeutend gefährlicher als ein Adler, da er nicht nur eine einzige Beute suchte, sondern auch gleich zwei oder drei Jungtiere töten konnte, um sie dann in seinen Bau zu zerren.

Aber zwischen Lernen und Gehorchen gab es genügend Zeit herumzutollen, neue Schmankerln zu suchen und zu probieren, mit den anderen Jungen zu spielen, neue Freunde zu finden, die in benachbarten Murmeltierbauten lebten. Oder nur in die Sonne zu blinzeln. Die Natur und die Freiheit, Sonne, Wind, Wärme und Kälte wollte OKO und seine Geschwister genießen. Es war alles neu, alles schön, alles lustig.

Zu sehen, wie auf der Alm Tausende von weißen Blüten aus dem zartgrünen Gräsermeer sprossen, wie um viele dieser weißen Tupfer sich fleißige Nektarsammler tummelten. Bunte Schmetterlinge tanzten in der lauen Luft und stillten an den frischen Blüten ihren Hunger. Fröhlich von Blüte zu Blüte baumelnd. Kleine, in vielen Farben schillernde Vögel waren von weiter unten

auf die Alm gekommen und bereicherten die Almidylle mit ihrem Getriller und Gezwitscher. OKO liebte es, im Gras zu liegen und zuzusehen und zuzuschauen. Er wollte einfach nicht in den Bau zurückkehren, wenn es doch draußen so herrlich war.

Das Leben unter der Erde war zwar heimelig aber grundsätzlich langweilig. Und Murmeltiere befinden sich die längste Zeit ihres Lebens unter Tag, auch nach dem Winterschlaf.

Die ersten Menschen kamen auf die Alm. Aber es waren wenige, die bewaffnet mit Stöcken, Seilen und eisernen Fußsandalen, die am Rucksack baumelten, kurz Rast machten. Aus ihren Rucksäcken holten sie einen Imbiss, dazu eine Trinkflasche. Diejenigen, die es besonders eilig hatten, nahmen die Jause im Stehen zu sich. Die meisten Menschlinge ließen sich jedoch auf Steinbrocken nieder und aßen und tranken gemütlich das Mitgebrachte. Nach der Jausenpause verpackten sie wieder alles im Rucksack. Der Helm wurde wieder neben den Steigeisen festgemacht und weiter ging es Richtung Wasserfall. Der zwar noch nicht steil die Felsen herabrauschte, aber das passende in Eis erstarrte Wasser für die Kletterer gebildet hatte.

KAPITEL 3

Es war OKOs zweiter Frühling aber jetzt war er fast erwachsen, wie er meinte und das Spielen mit seinen Geschwistern war immer dasselbe. Ein wenig laufen, balgen, futtern. Gräser, Würmer, Blüten, manchmal kleine Käfer, ein paar Wurzeln, der Pfiff vom Alten, ab in den Bau.

Tag für Tag, Woche für Woche. Ein Einerlei, das OKO ungemein nervte.

Bisweilen überhörte er den Pfiff absichtlich, verschwand nicht im Bau und wartete, was geschah.

Nur einmal war es wirklich echter Alarm und es wurde knapp für den jungen Murmler. Plötzlich merkte er einen Schatten über sich und ehe er wusste, was geschah, krachte ein Ungeheuer auf ihn herab. Da OKO sich im letzten Moment auf die Seite bewegt hatte, verfehlte ihn der Adler, der vom Himmel herabgeschossen war. Glücklicherweise ein Jungadler, der noch nicht die Zielgenauigkeit eines erfahrenen Greifvogels hatte.

Diesmal akzeptierte OKO die Schimpfkanonade des Alten, die ihn nach seinem hurtigen Rückzug in den Bau empfing. Aber es war ja nichts geschehen.

Eines wunderschönen Vormittags Anfang Juni wieder ein Warnsignal vom Alten. Knatterndes Geräusch vom Himmel. Was war das? Ein großes Ungetüm mit Flügeln, die sich über im drehten, kam herunter und setzte auf einer flachen Stelle der Almwiese auf. Ein Hubschrauber, aus dem kurze Zeit danach einige Figuren, Menschen, die er schon kannte, weil Wanderer schon oft

vorbeigekommen waren, herauskrochen.

Menschen, wie ihm der Alte erklärt hatte, waren nur gefährlich, wenn sie ein Gewehr trugen.

Diese Menschen trugen aber keine Gewehre, sondern nur Stöcke. Zumindest einige von ihnen.

Es sah aus wie eine Abordnung von Invaliden aus dem dreißigjährigen Krieg. Es waren zwar auch Frauen dabei, aber OKO kannte zu dieser Zeit keinen Unterschied zwischen Mann und Frau. Ein Menschling zeigte auf die große Hütte, die unweit vom Landeplatz auf Gäste wartete. Dorthin bewegte sich die Invalidengruppe, langsam aber stetig. Es dauerte ziemlich lange, bis die Gruppe vollzählig im Gastgarten der Wildschönau zum Genuss ihrer Brettljause an den Tischen Platz genommen hatte.

Nach der ausgiebigen Mahlzeit wurde noch geredet, gelacht, getrunken. Einige gingen ein paar Meter zur Verdauung um die Wildschönau. Fotografierten die Hütte, die Berge aber vor Allem sich selbst. So hatten sie eine schöne Erinnerung an die Südtiroler Berggipfel, von denen einige ja schon in Österreich lagen, was aber keinen Unterschied machte.

Nach einiger Zeit blies ein Menschling, der wahrscheinlich ihr Alter war, zum Aufbruch. Langsam setze sich die nun schon ziemlich fröhliche Gruppe in Bewegung Richtung Heli, wie sie das Ungetüm aus Eisen nannten. Quälten sich hinein. Der Motor wurde gestartet. Der Wind, den die Flügelräder erzeugten, staubte bis zum kleinen Felsbrocken, neben dem OKO sich auf Beobachtungsposten versteckt hatte. Dann erhob sich der Koloss in die Luft, höher und höher, umkreiste nochmals die Wildschönau und verschwand Richtung Sonne. Eine Zeit lang waren sieben Alpendohlen mit dem dröhnenden Ungeheuer mitgeflogen. Sie durften nicht zu nahe kommen, denn die Rotoren mit ihren kreisenden Flügeln hätten sie zerfetzt. Vor einigen Jahren war das wirklich passiert. Aber Dohlen lernen wie Ratten aus Fehlern. Den gleichen machen sie kein zweites Mal.

OKO ging sofort nachsehen, ob irgendwelche Leckereien zurückgelassen worden waren. Oft brachten Wanderer, vor allem wenn Kinder dabei waren, so komische Rüben mit oder Brot. Abwechslung für die etwas eintönige Verpflegung am Berg. Doch diese Menschen waren zu sehr mit sich selbst beschäftigt gewesen. Enttäuscht drehte OKO ab und trabte Richtung Bau.

Es war wieder ruhig, die Stille war wieder eingekehrt. OKOs Geschwister und andere Familienmitglieder krochen wieder aus dem Bau hervor. Der Alte direkt auf OKO zu. Diesmal war er wirklich erzürnt und zeigte das auch, in dem er OKO mit seiner Schnauze Richtung Bau schubste. Ein richtiges Donnerwetter prasselte auf OKO herunter. Der Alte war richtig sauer, die anderen grinsten und feixten, weil sie OKO die Strafpredigt vergönnten. Auf jeden Fall waren sie neidisch, weil er etwas erlebt hatte und sie nicht.

Woher kamen diese Menschen und wohin verschwanden sie wieder? OKO sinnierte und musste an seine Gespräche mit PING, seinen Freund, der Alpendohle, denken. Meist war PING auf einem Felsen neben OKO gesessen, während dieser an einer Wurzel kiefelte und hatte ihm von der weiten Welt erzählt. Wie sich der Wind in den Lüften anfühlt, wie man frei dahin segeln konnte, hinunterstürzen, steil in die Höhe ziehen, mit anderen Dohlen um die Wette fliegen. PING hatte auch nichts zu befürchten, musste sich nicht verstecken. Die Adler legten sich nicht mit Bergdohlen an, da diese meist in Gruppen auftraten, und äußerst wehrhaft waren.

KAPITEL 4

Von PING, seinem Freund und Ratgeber wusste OKO auch, dass es noch eine andere Welt gab. Bisweilen war PING, wenn er Lust auf Veränderung und Abwechslung hatte, schon ins nördliche Tal nach Österreich geflogen. Er erzählte OKO von saftigen grünen Wiesen, von Kühen, Schweinen, und Schafen, die aus dem Vollen schöpfen konnten. Hier heroben mussten sie sich das Futter zwischen den Steinen und Felsbrocken erkämpfen. Außerdem lebten da unten viele Menschen in zusammengebauten Häusern, dazwischen gab es Fahrzeuge, die zum Transport der Menschen dienten. Ein reges lustiges Leben ohne Alten, der ständig pfiff, schimpfte und lästig war.

OKO fasste einen folgenschweren Entschluss. Der eiserne Riesenvogel, mit dem die Leute in die Welt geflogen waren, hatte den Ausschlag gegeben. Er war bisher nur unzufrieden gewesen. Jetzt aber war er traurig und enttäuscht vom Leben, das Anderen so viel und ihm nur Langeweile bot. „Ich will in die Welt hinaus, nach Österreich in die Täler."

Er legte sich am Abend ganz nahe zum Ausgang und rollte sich über seine Vorderpfoten. Der Alte, der wie üblich seinen letzten Kontrollgang absolvierte, schaute lang auf OKO nieder, wie er so da lag, dann dreht er ab und begab sich zu seinem etwas erhöhten Schlafplatz.

Kaum schlich sich der erste helle Schein in den Murmeltierbau, war OKO schon auf den Beinen, rieb sich den Schlaf aus den Augen, zögerte noch ein wenig, die vertraute Höhle zu verlassen. Aber dann gab er sich einen Ruck und schlüpfte hinaus. Ab ging es Richtung Norden, wo zwar hohe Bergriesen

herdrohten, aber dahinter irgendwo unten lag ja das von PING so verlockend geschilderte Österreich.

Der Alte hatte das Hinausschleichen des jungen Murmlers bemerkt. Aber, was sollte er tun. Einen, der eine Reise antritt, soll man nicht zurückhalten. Er dachte an seine Jugend. Wollte er nicht auch ausbrechen? In die Welt ziehen, Unbekanntes sehen, Abenteuer erleben. „Mir hat der Mut dazu gefehlt", seufzte und wischte sich mit der Pfote über den schon weiß werdenden Bart.

 So setzte er sich zum Ausgang und träumte vor sich hin, bis schön langsam die ganze Familie an die frische Luft kam. Er spielte den Überraschten, Bösen, als festgestellt wurde, dass OKO verschwunden war. „Dass mir ja keiner sonst von euch auf dumme Ideen kommt! Verstanden?"

Der Ausreißer hatte sich vorgenommen, so rasch wie möglich über die Berge zu kommen und legte beherzt los. Der Tau auf den Farnen und Gräsern kühlte sein Fell, bisweilen zupfte er sich ein Blatt, aber zu einem richtigen Frühstück nahm er sich keine Zeit.

Es war dämmrig, die Sonne war noch nicht über die Bergkämme auf seiner rechten Seite gekrochen. Er konnte sich noch ziemlich sicher sein, keinem gefährlichen Widersacher aufzufallen.

Da hörte er das Pfeifen der Dohlen über sich. PING stieß herunter: „Bravo, OKO du bist also unterwegs. Ich und meine Freunde werden aufpassen, dass du nicht überrascht wirst. Das Leben ist lebensgefährlich."

Es beruhigte ihn schon, Freunde zu haben,

die von oben her wachten. Sie konnten zwar nicht wirklich helfen, aber warnen auf jeden Fall. Das allein konnte schon lebensrettend sein.

Er war schon an mehreren Murmeltierfamilien vorbeigekommen, die ganz verdutzt schauten, als sie ihn so allein dahintrotten sahen. Da er sie aber überhaupt ignorierte, gingen sie sogleich wieder ihrem allmorgendlichen Nahrungssammeltrieb nach.

Murmeltiere fressen zwar den ganzen Tag, aber das Frühstück war die wichtigste und üppigste Mahlzeit. Da Murmeltiere nicht darauf angewiesen sind, Wasser zu trinken, stillen sie den Flüssigkeitsbedarf über taunasse Blätter, Blüten und Gräser. Und so richtig feucht waren diese nur solange die Sonnenstrahlen sie nicht trockneten.

OKO hatte sich vorgenommen, die Zeit der Dämmerung für das Zurücklegen größerer Streckenabschnitte zu nutzen. Während des Tages immer nur in Deckung zu marschieren. In der Nacht in Höhlen oder Nischen zu schlafen. Er fand genug Felsen und Löcher, die er für die Nächtigung nützen konnte. In der ersten Nacht seiner Wanderschaft konnte er kaum einschlafen. Jedes kleinste Geräusch ließ ihn aufschrecken. Irgendwann war er aber doch fest eingeschlafen und als er aufwachte, war es schon ziemlich hell.

Er musste seinen Plan aber ändern, da er für den beschwerlichen Weg über Eis, Felsen, Schneematsch, Rissen und Spalten im Boden einfach genug sehen musste. Also Helligkeit benötigte, sonst wäre sein Ausflug bald zu Ende gewesen. Und abstürzen wollte er ganz gewiss nicht.

Daher war es notwendig, zumindest einen Großteil des Tages für sein Vorankommen zu nützen. Er wusste, dass PING und dessen schwarze Kollegen über ihm wachten. Sie gaben ihm Rückendeckung. OKO lernte schnell die Töne, die seine Dohlen in die Lüfte schrien, zu unterscheiden. Meistens waren sie hell und Ausdruck lebensvoller Freude. Manchmal allerdings klangen sie nervöser, hektischer. Das war sicherlich eine Warnung. OKO überlegte nie lange, ob er darauf hören sollte oder nicht. Er suchte rasch einen Unterschlupf und verhielt sich eine Zeit lang ruhig. So oft er die Pfiffe des Alten einfach absichtlich überhört hatte, den Dohlen vertraute er.

Kaum hatten sich die Töne vom Himmel wieder normalisiert, kroch OKO aus seinem Versteck und verfolgte zielstrebig seinen Weg Richtung Bergkamm und Österreich.

Schon am vierten Tag war es soweit. OKO schaute von der höchsten von ihm erklommenen Stelle hinüber nach Österreich, das nicht anders aussah wie jener Fleck, woher er kam. Aber die Sonne brannte herab, die Schneeflecken glitzerten verschwenderisch, die Gipfel links und rechts neben OKO ragten triumphierend in den blauen Himmel. Drei Dohlen hatten PING begleitet, die nun gemeinsam ein Jubelgepfeife anstimmten.

OKO verspürte Hunger. Er hatte im

Überschwang des Eroberergefühls vergessen, am Weg Nahrung zu suchen, wie er es sonst immer getan hatte. Das hieß, den Triumph des Erreichens der ersten wichtigen Etappe abzukürzen und rasch etwas für den knurrenden Magen zu tun. Notdürftig satt, startete er den Marsch hinein ins neue Land.

Beim Abstieg würde er wohl geeignete Nahrung finden. Wohlgemut legte OKO los, schneller als er bisher unterwegs war. Fast hüpfte er von einem Felsen zum anderen, rutschte dazwischen auf Firnresten, spähte nach essbaren Gräsern oder Pflanzen. So gelang es ihm ziemlich rasch, in die Nähe von Bergweiden zu kommen.

Vorfreude und der Hunger ließen OKO unvorsichtig werden. Im Überschwang übersah er eine steile Felsstufe. Ein falscher Tritt mit seinen Pfoten und schon war der Murmler in rollender Bewegung. Und er rollte und rollte über Fels und Geröll. OKO meinte schon im Tal angekommen zu sein, so lange war ihm die Sturzphase vorgekommen.

Abgebremst in einer Mulde, in der noch Schnee gelagert war, blieb er liegen. Alles schmerzte, Rücken, Kopf, Brustkorb, alle vier Haxen. Er wagte es zuerst gar nicht, sich zu bewegen. Wie lang er so dort gelegen war, wusste er nicht. Erst laute Schreie von PING erweckten OKO wieder zum Leben.

Er rappelte sich hoch, kroch aus der Gebirgsmulde und merkte, dass er sich mit dem unfreiwilligen Abkürzer mindestens eine Stunde mühevollen Bergabkraxelns erspart hatte. Das ließ die Schmerzen schon erträglicher erscheinen. Im Tal war er aber noch lange nicht, stellte er enttäuscht fest.

Die nächsten Tage vergingen wie im Flug.

Herrliche Almwiesen boten beste Küche, Wurzeln, Käfer, Blüten, saftige Halme, Supergräser. Wie im Schlaraffenland. Er hatte sein Tempo verlangsamt. Die Unrast in ihm war der Zufriedenheit und Vorfreude auf kommende wunderbare Erlebnisse gewichen.

Beim Abstieg von der Alm mit ihren Steinen, Felsen und Geröll gelangte der kleine Wanderer zu steileren Hängen, die mit am Boden kriechenden Nadelsträuchern bewachsen waren. Die Latschen boten ihm genügend Deckung. So konnte OKO trotz seiner erlittenen Blessuren, die ihm einige Schmerzen bereiteten, recht gut vorankommen. Zur Mittagszeit allerdings wurde ihm so heiß, dass er Rast machen musste. Die Latschen, so gut sie schützten, waren als Schattenspender nicht wirklich zu gebrauchen, es sei denn man kroch darunter. Was der Murmler dann auch tat und so eine wohltuende Rast einlegte. Die Alpendohlen waren OKO für diese Pause dankbar, denn nun konnten sie sich selbst der Nahrungssuche widmen. Dennoch wachten PING oder einer seiner Kollegen abwechselnd über dem Rastenden, um ihn, wenn er den Marsch fortsetzte, nicht aus den Augen zu verlieren.

Langsam wurde die Sonne milder. Sie verließ den Zenit, ihre Strahlen brannten nicht so unbarmherzig vom Himmel. OKO reckte sich zufrieden. Die Müdigkeit war weg, die Schmerzen schon bedeutend geringer. Der Abstieg konnte somit fortsetzt werden.

Die Flora änderte sich wieder. Die Nadelgehölze wurden höher und mächtiger. Die Zirben ragten vom Wind zerzaust und von Unwettern gebogen wie Parodien von Bäumen in die Landschaft. Dennoch boten sie Schatten und Unterschlupf. Immer mehr dieser Baumgebilde scharen sich zusammen zu einem lockeren Zirbenwald.

OKO war auch auf der österreichischen Seite der Bergkette, deren Grat er überwunden hatte, an Murmeltierkolonien vorbeigekommen. Aber nie verschwendete er auch nur die Spur eines Gedankens, sich der einen oder anderen Familie anzuschließen. Denn vor ihm lag das grüne Tal. Das Paradies!

KAPITEL 5

Je weiter OKO durch Almen und Zirbelwälder talwärts abstieg, desto dunkler wurde der Wald. An Stelle von verbogenen oft bedrohlich aussehenden Baumgebilden, ragten nun hohe schmale Baumriesen in die Höhe. Zuerst Lärchen, mit ihren oft astlosen Stämmen und den weit in den Himmel zeigenden Wipfel. Dann mächtige Tannen und Fichten, die enger aneinander standen, breite dicht benadelte Zweige ineinanderschoben. Der Wald wurde dunkler und dunkler. OKO war schon ein wenig besorgt. Er hatte sich das Paradies anders vorgestellt. „Soll ich jetzt im Finstern leben"? Außerdem sah er seine Beschützer nicht mehr. Waren sie noch ober den mächtigen Baumkronen und warteten auf sein Erscheinen?

Seine Sorge war unberechtigt. Denn plötzlich sauste PING durch den Wald auf ihn zu. Er bemerkte im Gesicht des finster blickenden Wanderers eine gewisse Verzagtheit. „Nur Geduld OKO, da vorne ist gleich eine Lichtung im Wald, wo du alles findest, was du jetzt benötigst. Licht, Sonne und einen gedeckten Tisch." Tatsächlich hatte sich in dem kleinen Bären kräftiger Hunger eingenistet. Er wollte möglichst rasch zur Lichtung. PING flog, OKO den Weg weisend, voran. Bald hellte es auf, durch die Baumstämme konnte OKO schon die Waldoase erkennen.

PING hatte nicht zu viel versprochen. Er fand saftige, mannigfaltige Nahrung. Die Gräser, Blüten schmeckten einfach üppiger, er konnte nicht genug kriegen. Als Draufgabe schnappte er sich noch einen Schmetterling. Er beschloss, die Nacht und den nächsten Tag hier zu verbringen. Es war allerdings eine unruhige Nacht unter der niedrigen Eibe, deren Schutz er sich für den Schlaf gesucht hatte. Sein Magen rebellierte. Bauchgrimmen und Durchfall störten seine Nachtruhe empfindlich. An die plötzliche Futterumstellung musste sich sein Verdauungsapparat wohl erst gewöhnen. „Das Paradies hat seinen Preis", dachte OKO.

Nicht nur an die reichhaltigere, schwerere Nahrung musste sein Magen gewöhnt werden, auch dem wechselnden Wetter musste OKO sich anpassen. Er hatte keinen Bau, in den er sich bei Regen und Sturm zurückziehen konnte. Der Schlafplatz unter der Eibe war nur bedingt super.

Zwei Tage hat es fast durchgehend geregnet. OKO war waschelnass und fror, obwohl es weiter unten ja wärmer war als am Berg sein sollte. Den Erzählungen PINGs zufolge, denen wohl auch nicht immer zu trauen war. Alles an ihm war feucht, unangenehm. OKO war mieselsüchtig und richtig froh, als PING wieder auftauchte. Der kam auch nicht so gerne ins Tal bei diesem grauslichen Wetter „OKO verzage nicht, such dir einen anderen Unterschlupf. Bald hört es auf zu regnen, morgen hast du schönes Wetter und Sonnenschein." So beruhigte er den depressiven Freund und setzte sich eine Zeit lang zum nassen Verzagten. Er wartete bis der kleine Nager unter dem dichten Wurzeldickicht eingeschlafen war, dann schwirrte er ab.

PING hatte recht behalten. OKO erwachte, streckte sich und kroch aus seinem Unterstand. Es war herrlich, blauer Himmel. Die Sonne war schon über die Berge gekommen, die Natur rundherum jubilierte.

Freudvoll hüpfend – wie immer man halt die komischen Bewegungen OKOs bezeichnen konnte – genoss der Murmler das neue Leben im Paradies. Denn mit wenigen Sprüngen und Laufschritten lief er durch den Wald und gelangte nach kurzer Zeit in freieres Gelände. In seinem Freudentaumel lief er weiter und weiter. Als er ein wenig atemlos stehen blieb, hörte er seitlich ein Rauschen und Glucksen. Neugierig näherte er sich dem Geräusch, das er auch von zu Hause kannte. Tatsächlich war es ein Bachlauf, der sich durch die Wiese schlängelte. Das Wasser, das über Kiesel und Steine plätscherte, war ähnlich dem Gletscherbach auf der Alm, in dem die toten Murmel Alten verabschiedet worden waren.

OKO war stehen geblieben, da er ein Wimmern und Plantschen aus der Richtung des Ufers weiter unterhalb vernahm. Neugierig näherte sich OKO dem Wasser, woher die Geräusche kamen. Er sah nahe dem Wiesenufer ein rotbraunes Knäulerl im Wasser treiben, das glukste und planschte, strampelte und wimmerte. Und unterzugehen drohte.

OKO war zwar noch nie in einem stehenden oder fließenden Wasser gewesen, aber was soll schon sein? Vorsichtig setzte OKO seine Vorderbeine ins kalte Wasser, streckte die Schnauze mit den gelben Nagezähnen vor und schnappte sich das weiche wimmernde Etwas.

Er legte das Bündel vor sich in die Wiese und begann es abzuschlecken. Er wusste zwar nicht warum, aber es schien ihm richtig. Eine Weile lang lagen sie so nebeneinander, der kleine Babyfuchs und das im Vergleich große Murmeltier.

Plötzlich hinter den beiden ein furchterregendes Pfauchen, ober ihm ein schrilles Pfeifen, das von PING kam, der wieder einmal Security spielte. Sein Warnschrei wäre diesmal aber zu spät gekommen. Der winzige Fuchs richtete sich auf und kroch auf den pfauchenden Feind zu: „Mutter, der Bär hat mich aus dem Wasser gezogen und mich getrocknet."

Sofort verstummte das Pfauchen, die Füchsin kam noch näher stupste zuerst den Zwerg an und dann auch vorsichtig OKO.

Die Freundschaft zwischen OKO und DINKO, so hieß der junge Fuchs, war mit Zustimmung der Mutter besiegelt.

PING beruhigte sich wieder. Keine Gefahr. Weder der Füchsin, noch den beiden neuen Freunden war es klar, wie sich diese Begegnung weiter entwickeln sollte. Praktisch, wie weibliche Wesen nun einmal sind, deutete sie den beiden Jungen ihr zu folgen.

Als PING sah, wie sich die kleine Karawane, an der Spitze die Füchsin, dann DINKO und schließlich OKO in Bewegung setzte, beschloss er mit dem Rückflug noch etwas zu warten. Zumindest bis er wissen konnte, wo die drei landeten.

Es ging eine Weile lang dem Bach entlang, dann nach rechts ins Gebüsch. Dieses war aber nicht sehr dicht und breit. Dahinter ein immer düsterer werdender Wald, mit knorrigen Wurzeln, Felsstücken, Nadelwaldboden, den OKO vor nicht allzu langer Zeit hinter sich gelassen hatte. Die Füchsin machte eine Pause, denn für DINKO war der Weg doch noch etwas anstrengend, vor allem nach seinem überstandenen Abenteuer, das ihm fast das junge Leben gekostet hätte.

OKO schaute sich um. Links vorne sah er etwas Gelbes am Boden leuchten. Neugierig bewegte er sich auf den Gelbling zu. Er war aus dem Boden gewachsen, fühlte sich weich und fest zugleich an.

Jetzt verspürte OKO wieder enormen Hunger, den er wegen des Vorfalls vergessen hatte. Er biss sich ein Stück von dem Gelbling, der da aus dem Boden kam, ab. Schmeckte gar nicht schlecht. Rasch schnappte er sich noch den zweiten Teil. Da sah er weiter hinten noch einen und noch einen. Paradiesisch. Er verzehrte einige dieser sonderbaren gelben Pilze. Denn, dass es Pilze waren, wusste er. Allerdings hatten die Murmeltiere nur weiße Pilze auf ihrer Alm gefunden und gegessen. Die waren jedoch bei weitem nicht so schmackhaft gewesen. Die Gelblinge mundeten OKO ausgezeichnet.

Ziemlich satt riss OKO einen Pilz aus und brachte diesen Dinko. Dieser biss hinein, um ihn jedoch sofort wieder auszuspucken. Die Füchsin lachte." Wir kosten manchmal Steinpilze, Eierschwammerl nie."

PING hatte sich immer noch nicht entschieden, abzufliegen und sich auf einem Fichtenast in unmittelbarer Nähe postiert. Die Füchsin schien ihn als Gefährten OKO s akzeptiert zu haben. PING allerdings hatte vorsichtshalber doch einen Abstand gehalten. Er dachte, „bei Füchsen weiß man ja nie, was ihnen so einfällt."

Die Rast war beendet, die Füchsin streifte, ohne den Blick nach hinten zu werfen, weiter in den Wald hinein. Nach wenigen Minuten bog sie einen ausgetretenen Pfad nach rechts ab. Er endete vor einer grünen Mauer aus Ästen Blättern, Farnen und Sträuchern.

Sie ging einfach durch, als wäre dort nichts. DINKO folgte. OKO überlegte. Dann streckte er die Vorderhufe ins Gebüsch. Und los.

Er war überrascht. Kein Dickicht. Hinter ihm schlossen sich die Büsche wie von Zauberhand. Und davor eine riesige halb eingegrabene Wurzel, die einmal einem Baumriesen gehört haben musste. In diese Wurzel verschwand die Füchsin. DINKO wartete, er war sich nicht ganz sicher, wie der Chef der Familie seinen Ausflug bewerten würde.

OKO drehte sich noch einmal um, kroch zurück und deutete PING, der unweit wartete, dass alles in Ordnung wäre. Dann kroch er wieder durch das Gebüsch

Da erschien Frau Fuchs wieder und dahinter ein großer roter Schatten, der die Füchsin um einiges überragte. Reineke der Chef der Familie. Er sah OKO und pfauchte, allerdings klang es nicht sehr bedrohlich. Die Füchsin dürfte ihn schon instruiert haben.

Reineke gab DINKO einen kräftigen Schubser, so dass dieser kopfüber in die Höhle purzelte.

OKO wurde ebenfalls eingeladen einzutreten. Höflich ohne Schubser. Höhlen kannte er, hatte auch keine Angst. Obwohl von Geburt her ein Baubewohner, musste er sich doch erst wieder an die Dunkelheit gewöhnen. Der Bau war großzügig angelegt, ziemlich hoch. Hatte links, rechts und hinten noch Seitenverzweigungen. Mitten drinnen bewegten sich noch vier kleine Füchse, die Geschwister DINKOs. Das war ein Hallo. DINKO hatte sein Erlebnis bereits erzählt und die kleinen Füchse umringten DINKO und OKO, sprangen hoch, auf sie, über sie, schleckten sie ab, warfen sie um. So ging es, bis die Füchsin mit einem scharfen Pfauchen das Treiben beendete. OKO war gerettet. Zumindest für den Moment.

Jetzt ging es für OKO darum, den geeigneten Schlafplatz zu finden. Nach seinem Zug über die Alpen war er nicht wählerisch, aber wenn es um eine längere Bleibe ging, sollte doch die Behausung passen. Die Füchsin zeigte OKO den sehr verzweigten, recht komfortabel eingerichteten Fuchsbau.

Neben dem Eingangsbereich war der erste größere Raum, der als Restaurant diente. Hierher brachten Reineke und die Füchsin alles, was sie für sich und ihre Jungen erjagen oder finden konnten. Die Reste der Mahlzeiten waren noch nicht weggeräumt. Aber, wie OKO später merkte, schaute die Füchsin auf Reinlichkeit. Verschmutzungen und Essensreste wurden regelmäßig aus dem Bau entfernt.

Neben dem Restaurant gab es weitere drei Seitenhöhlen. In einer waren die fünf Jungen untergebracht. Die zweite große und gemütlich mit Heu, Blättern und Flechten eingerichtete Grotte war tabu für die Jungen. Es war das Reich der Altvorderen. Die dritte, kleinere Abteilung wurde OKO zugeteilt. Ein wenig Heu auf der Rückseite genügte ihm für einen geeigneten Schlafplatz.

Dann verzweigte sich der Bau noch weiter, allerdings ohne weitere ausgebaute Höhlen. Die Gänge hatten die Funktion als Fluchtwege. Ein Gang endete als Sackgasse, der andere führte ins Freie. War aber von außen, wie auch der Haupteingang, nicht erkennbar. Nachdem die Füchsin dem Neuankömmling alles gezeigt hatte, ließ sie ihn bei den Jungen und machte sich, wie schon zuvor Reineke, davon, um Nahrung für die ganze Familie zu finden. „Ihr bleibt alle im Bau, gilt auch für dich, DINKO."

DINKO hatte drei Schwestern und einen Bruder. Sie waren natürlich sehr neugierig zu erfahren, wer OKO eigentlich war, wie er hierher gekommen war, wohin er wollte, einfach alles.

Viel konnte OKO nicht berichten. Er erzählte von seiner Alm, von der großen Murmeltier Familie, von seinem Wunsch, ins grüne Tal zu gelangen, dem mühevollen und gefährlichen Marsch über Eis und Felsen ins Tal, über seinen Absturz, bis zu der Ache, in der er

DINKO gefunden hatte. Was er im Tal vor hatte, wohin er nun weiter wollte? Da hatte er selbst keine Ahnung.

„Du bleibst bei uns, wirst unser Bruder", riefen DINKO und seine Geschwister und tollten gleich ausgelassen durch den Bau.

Sie wagten das, weil die Eltern sich auf Futtersuche begeben hatten und gewiss nicht bald zurückkehren würden.

So hatte OKO eine neue Familie gefunden. Immerhin ein guter Anfang für den neuen Lebensabschnitt.

KAPITEL 6

Nur, was die Verpflegung betraf, hatte OKO ganz andere Vorstellungen. Zurückgekommen waren Reineke und die Füchsin mit einem Fasan und zwei Mäusen. Wirklich keine geeigneten Leckerbissen für OKO.

Für heute hatte OKO sowieso keinen Hunger mehr. Die Füchsin hatte das Problem erkannt und es wurde vereinbart, am nächsten Tag gemeinsam auf Nahrungssuche zu gehen.

Nachdem die Fuchsfamilie ihre Mahlzeit beendet hatte, hieß es für die Jungen „Nachtruhe" was auch von Fuchs Mama streng überwacht wurde. Reineke machte sich aus dem Staub, um die Gegend zu erkunden und neue Nahrungsquellen aufzuspüren. Außerdem konnte es sein, dass man Fuchskollegen traf und über dies und das plaudern konnte. Heute gab es für Reineke einiges zu erzählen. Denn welche Fuchsfamilie sonst noch beherbergte ein Murmeltier.

Es begann eine tolle Zeit für OKO. Die kleinen Füchse waren wie Schwestern und Brüder, tollten herum, spielten, lachten, kämpften. Nur beim Fressen schieden sich die Geister. Aber die Vegetation des Waldes bot OKO Nahrhaftes genug. Und es schmeckte alles so gut und saftig.

Überhaupt war alles paradiesisch. Wärmer als auf der Alm, lustiger, unterhaltsamer, fröhlicher, kein Alter, der blödsinnig herumpfiff. Die Tage verrannen wie im Flug.

Nur die Spiele mit den Fuchs Geschwistern wurden immer wilder und schmerzhafter für OKO. War er bei seiner Ankunft noch der

Größte von ihnen gewesen, wuchsen die Füchse schnell heran. Sie machten keinen Unterschied, ob sie nun mit Bruder oder Schwester oder OKO herumtollten. Oft musste DINKO schützend beispringen, wenn es die Geschwister zu arg mit OKO trieben. Da konnte DINKO richtig zornig werden und kräftiger als nötig zwicken und kratzen.

So entwickelte sich eine tiefe Freundschaft zwischen den beiden. Immer mehr sonderten sie sich von den anderen ab, um Streifzüge zu unternehmen. Wald und Wiesen waren ihr Revier. Nur von den Häusern, die sie manchmal in der Ferne sahen, hielten sie sich fern, wie Reineke es ihnen geboten hatte.

Eines Nachts brachte Reineke ein ganzes Huhn in den Bau. Es war ein Festessen, außer für OKO. Natürlich wollte OKO wissen, woher dieses für Füchse so köstliche Tier denn kam, in welchem Wald es zu finden wäre, woher es mit seinen bunten Federn geflogen war. DINKO versprach OKO, ihm den „Hühnerstall" zu zeigen.

Eines Abends zupfte DINKO seinen Freund am Fell. Reineke hatte den Bau bereits verlassen und die Füchsin schlief fest. DINKO deutete OKO ihm zu folgen. OKO musste sich langsam an die Finsternis gewöhnen, DINKO hingegen schien alles gut zu sehen, stieß an keinen Ast oder Stein, OKO kam des Öfteren ins Stolpern. Aus dem Wald draußen, ging es viel besser. Mond und Sterne beleuchteten die Wiesen und Felder, so kamen sie rascher voran.

Rechts vor ihnen lag ein großes Haus mit rotem Dach, weißen Kaminen, vielen Fenstern. Die beiden Freunde schlichen um das Haus, das sich in der Länge der Vorderfront auch nach hinten erstreckte.

Dann waren da noch Anbauten aus Holz. DINKO versuchte in eines der Holzschuppen zu schauen.

„Schafstall", murmelte er OKO zu. Sie hatten schon öfter auf ihren Streifzügen Schafe auf abgezäunten Wiesen getroffen. Hier also verbrachten die weißen blökenden Tiere die Nächte.

Der nächste Anbau war etwas niedriger, DINKO versuchte eine Öffnung zu finden. OKO sah ein angelehntes Brett, das er zur Seite schob. Ein runder Eingang wurde frei. Eigentlich als Schlupfloch für die Hühner gedacht. Die beiden schlüpften hinein. Mucksmäuschen still. Da stieß OKO, der wieder überhaupt nichts sehen konnte, an einen Kübel, der mit lautem Poltern auf einen Stein fiel. Die Hühner, die nun aufgeschreckt erwachten, begannen zu schreien, zu flattern. Halt richtig Lärm zu machen auf ihren Stangen, auf denen sie saßen, oder auch schon am Boden, wo sie angstvoll gelandet waren. Und durch die Luke ins Freie stoben. Plötzlich helles Licht.

In der Türe, die wahrscheinlich vom Hof in den Hühnerstall führte, stand ein Mann mit einem Gewehr in der Hand, hinter ihm ein brauner Hund, der sofort in den Stall stürzen wollte. Doch der Mann, der Jäger-Bauer rief ihn zurück. Augenblicklich folgte Wurzel, so hatte der Gewehrträger ihn gerufen.

Der Jäger-Bauer war überrascht. Neben einem Jungfuchs ein braunes Wuscheltier, das er bisher nur in den Bergen gesehen hatte." Mankeis im Tal?"

„Was solls?" Gestern hatte ihm ein Fuchs aus dem Hühnerstall eines seiner besten Hendeln gestohlen, er legte an.

Da zupfte den Jäger-Bauer etwas am Arm, „nein, bitte nicht schießen." Es war sein Sohn Peterl, der im Nachtgewand hinter ihm stand.

„Der junge Fuchs hat erst zu leben begonnen und das Kuscheltier kann niemand etwas zu leide tun."

Jäger-Bauer dachte nach, DINKO nützte die Überlegungspause und schlüpfte durch das Loch, das OKO geöffnet hatte. OKO blieb zurück vor der Mündung des Jagdgewehrs. Jetzt vermisste er den Alten, der wahrscheinlich rechtzeitig gepfiffen hätte. „Obwohl, in einem Hühnerstall?" Es war nur so ein Gedanke.

„Wehe euch, ihr kommt noch einmal und holt euch eines meiner Hühner, dann trag ich den Krieg zu eurem Bau." DINKO, der wieder hereingeschlüpft war und durch die immer noch flatternden Hühner zu OKO robbte, zupfte diesen am Fell, „komm, wir gehen."

OKO schaute Wurzel, der sich ganz nach vorne geschlichen hatte, in die grün braunen Augen, blickte hoch. Zuerst zu Peterl dann zum Jäger-Bauer. Langsam folgte er DINKO.

Im Bau angekommen, totale Aufregung. Die Füchsin und Reineke waren besorgt und erzürnt, erleichtert und drohend, froh und böse.

„Bitte geht nicht mehr zum Jäger-Bauer Hühner stehlen, er hat uns nichts getan, " stotterte DINKO, „Wegen OKO."

DINKO wusste, als er die Worte herauspresste, das könnte das Fass zum Überlaufen bringen. Aber es musste gesagt werden.

Reineke war tatsächlich knapp vor der Explosion, doch die Füchsin deutete ihm, in den Bau zu verschwinden. Zu Hause war sie die Chefin.

„DINKO, du musst dir klar sein, dass du als Fuchs der Pfui Teufel für die Bauern bist, OKO hingegen ein exotischer oder besser älplerischer Liebling. Heute hat auch dir das geholfen, aber wenn du ein großer Fuchs sein wirst, dann kann OKO nicht mehr allein mit seiner Anwesenheit helfen. Er passt nicht zu uns. Auf der Alm, da werden Murmeltiere von uns gejagt und gefressen.

Du weißt, ich mag OKO wirklich gern, aber gewöhne dich an den Gedanken, dass er eines Tages aus unserem Leben gehen wird. Wohin? Das kann ich dir nicht sagen, aber sein Schicksal bisher ist so ungewöhnlich, dass noch einiges zu erwarten ist.

Und jetzt geht schlafen, ihr Hühnerdiebe." So viel auf einmal hatte die Füchsin noch nie gesprochen, staunte DINKO.

Die nächsten Tage hielten sich OKO und DINKO nicht in der Nähe des Bauernhofes auf.

Es waren lustige Tage um den Fuchsbau herum, DINKO und seine Geschwister kamen allerdings auf immer dümmere Ideen, wie sie die Zeit totschlagen könnten. Die Spiele und Raufereien wurden immer grober, die Füchse wurden größer, und stärker und wilder. OKO hingegen wuchs nicht mehr. War er am Beginn ihrer Bekanntschaft bedeutend größer als DINKO so konnte er jetzt fast unter ihm durchkriechen.

Die Zähne der Füchse wurden größer und spitzer, die Kraft ihrer Kiefer konnte beim Zupacken schon wirklich weh tun. OKO flüchtete sich immer häufiger in die Höhle. Er balgte zwar gerne, aber die Schmerzen wollte er nicht haben.

Zwischendurch machten OKO und DINKO kleine Ausflüge allein, um den Bauernhof herum. Zum Bach des Kennenlernens, in den dichten Wald. Beobachteten alles mögliche Getier, Igel, Hasen, Fasane, Enten, Eichhörnchen. Viele verschiedene Waldvögel, Schmetterlinge und Libellen, Bienen, Wespen. Weniger oft auch Rehe, ganz selten Hirsche.

Heute war auch wieder so ein Ausflug der beiden Freunde. DINKO hatte sich ein wenig abgesetzt, da er einen Hasen aufgespürt hatte, dem er nachlief. Füchse sind nun mal Hasenjäger. OKO kam auf eine Lichtung und freute sich an saftigen Gräsern und Blüten und natürlich streckte er sich in der wohltuenden Sonne ein wenig aus.

Plötzlich ein Gefiederraschehn, spitze Schreie, angsteinfößendes Krächtzen großer Vögel. OKO sah einen Knäuel schwarzer Vögel, die sich wild aufeinanderwarfen. Allerdings waren es drei Krähen gegen einen, und mitten drinnen PING, der schon lange nicht da gewesen war und sich sicherlich einen anderen Willkommensgruß vorgestellt

hatte. OKO fürchtete, dass PING gegen die Überzahl verlieren würde und hatte Angst um seine Security Bergdohle. In seiner Not, stieß er einen grellen Pfiff aus und rannte zu dem schwarzen Vogelgewirr am Wiesenboden. Noch konnte sich PING wehren, aber lange würde es nicht mehr dauern und die Krähenbiester drohten ihn abzumurksen.

OKO war schon ganz nahe, als ein roter Blitz in die Kämpfenden fuhr. DINKO, er hatte den schrillen Pfiff seines Kameraden gehört, fasste eine Krähe am Kragen, die anderen stoben davon. PING blieb etwas zerzaust am Boden sitzen. OKO neben ihm. Noch nie war PING bei ihm am Boden gesessen. Er freute sich riesig, dass er seinem verlässlichen Bodyguard einmal hatte helfen können. DINKO kam näher und er hatte immer noch den einen Agressor im Fang. Bei der Begrüßungszeremonie nützte die Krähe die Unachtsamkeit des Gegners aus, rappelte sich auf, schüttelte die Flügel und floh schreiend davon.

„Ich wollte einfach wieder einmal schauen, wie es dem kleinen Murmler im Tal geht." PING hatte sich wieder zurecht gemacht, das Gefieder lag stramm am Körper und glänzte. Stolz balancierte er auf einem Ast, der neben den drei wunderlichen Freunden vom Baum herabhing.

PING berichtete OKO, was so auf seiner Alm die letzte Zeit geschehen war. Der Alte Murmelchef regierte seine Familie immer noch umsichtig, auch wenn er schon etwas schwerhörig und sehschwach geworden war. Ein Adler hatte es geschafft, einen Bruder von OKO zu erlegen und in seinen

Horst zu schaffen, wo schon zwei Jungadler hungrig gewartet hatten. Ein wenig Heimweh erzeugten die Erzählungen schon in OKO. Aber nur ein wenig.

Es begann schon zu dämmern, als DINKO seinen Freund erinnerte, dass eine Rückkehr in den Bau empfehlenswert war, denn ein Zuspätkommen wäre wohl von der Füchsin nicht akzeptiert worden.

PING schlug noch zum Abschied fröhlich die Flügel, „bis ich oben bin, wird es auch finster sein, bleibt mir gewogen – und danke für eure Hilfe. Ich weiß nicht, ob ich es ohne euch geschafft hätte."

Und weg war PING, Ob er das „Komm doch bald wieder", das ihm OKO nachrief gehört hat?

Es war nicht lange nach dem Besuch von PING. OKO war wieder einmal an einem spielerischen Raufhandel mit den tollen Jungfüchsen beteiligt. Die an sich lustige Balgerei mit Gepfauche, Geknurre, Nasenstupser, aber auch kräftigerem Zähnekontakten ging an OKO nicht spurlos vorüber.

Er blutete vom linken Ohr und humpelte, weil seine hintere Pfote irgendwie verdreht worden war. Er zog sich zurück und suchte Schutz im nahen Bau. Die Füchsin holte OKO gleich zu sich, fuhr mit der Zunge an sein Ohr, um das Blut zu stillen: „Wer hat dir denn weh getan, OKO?"
„Keiner im speziellen. Ich bin wahrscheinlich selber schuld, weil ich heftig mitgebalgt habe."

Als die Jungfüchse in den Bau zurückkamen, bekamen sie eine gehörige Predigt von ihrer Mama zu hören, wussten aber eigentlich nicht genau warum. Denn sie hatten nur gespielt. Sie beschnupperten den lädierten Murmeltier Kumpan und legten sich um ihn herum, DINKO postierte sogar seine Nase behutsam auf OKOs Rücken.

Vater Reineke kam bei Anbruch der Dunkelheit in den Bau, hatte aber keine Beute mitgebracht.

Er suchte sich den ältesten Bruder von DINKO aus und meinte: „du gehst heute mit mir, Nahrung zu beschaffen. Schön langsam müsst ihr erwachsen werden, denn viel länger will ich euch nicht durchfüttern müssen." Er gab dem Jungfuchs einen Stups und draußen waren sie.

So war es. Die jungen Füchse würden eher schnell als langsam sich daran gewöhnen müssen, dass sie sich selbst verköstigten. Und das natürlich hauptsächlich mit Nahrung aus Fleisch und Blut. Bald würden sie auch den Fuchsbau der Eltern verlassen und sich eigene Jagdgründe erkunden. Wenn alle Jungen ausgezogen waren, was war dann mit ihm? Würden Reineke und die alte Füchsin ihn überhaupt noch beherbergen?

Viele Gedanken über seine Zukunft gingen OKO durch den Kopf. Sein momentaner körperlicher Zustand tat sein übriges. Er war einfach depressiv. Es musste eine Veränderung her, und zwar gleich.

OKO berührte den schlafenden DINKO mit seiner Nase und flüsterte ihm ins Ohr,

„Dinko, ich versuche beim Jäger-Bauer unterzukommen. Ich bin kein Fuchs, zwar auch kein Mensch, aber ich glaube, dass ich es dort besser haben werde. Ihr geht alle fort, beginnt euer eigenes eigenständiges Leben. Ich habe euch alle gern und hoffe, dass wir uns oft sehen werden. Es war eine wunderbare Zeit in eurem Bau". Die Augen der beiden Freunde wurden feucht, die Nasen trafen sich.

„Dann bleib doch noch zumindest bis morgen, die Entscheidung sollte doch noch einmal überdacht und diskutiert werden", versuchte Dinko seinen Lebensretter zu überreden.
„Nein DINKO, mein Entschluss ist gefasst, ich bedanke mich bei Mutter Füchsin und bei Vater Reineke für alles, was sie für mich getan haben. Bitte richte ihnen das aus. Es wird ja nicht so sein, dass ich den Bau nie mehr besuchen werde, es ist ja nicht weit zum Jäger-Bauer", OKO umpfotete DINKO und kroch aus dem Bau.

Die Füchsin hatte sich nur schlafend gestellt. Jetzt legte sie sich ganz nahe zu DINKO und tröstete den urtraurigen Jungen, „es ist sicherlich das Beste für OKO, wenn er einen neuen Lebensabschnitt beginnt …… und weit ist er ja nicht weg. Ihr werdet euch noch oft treffen und wenn, dann bringe ihn auch dazu, uns zu besuchen." Jetzt war die Füchsin auch melancholisch geworden und schnupfte ein wenig, „ich habe OKO wirklich sehr gerne, wie dich und deine Geschwister."

KAPITEL 7

Inzwischen war OKO im nachtschwarzen Wald. Er trabte vorsichtig Richtung Jäger-Bauernhof.

Die Geräusche, die ihn empfingen, veranlassten ihn etwas rascher zu laufen. Das Flügelschlagen der jagenden Eule war im Dunklen furchterregend, der schrille Ruf des Waldkauzes ließ OKO erschrecken. Das Knacken und Rascheln war auch nicht wirklich beruhigend. Wusste man denn, wer es verursachte? Sein Herz pumperte so laut, dass er fürchtete, nahende Gefahren zu überhören. Bisher war er immer mit DINKO unterwegs gewesen, allerdings nur einmal in der Nacht, da hatte ihn das doch auch nicht gestört. Er merkte, dass er zu zittern begann. „Blödsinn, ich bin allein von den Bergen ins Tal gekommen, da hatte ich auch keine Angst, los!"

So sprach sich OKO selbst Mut zu. Weiter ging es zügig Richtung Jäger-Bauernhof.

Bald hatte er die Wiese erreicht, musste nur noch den Steg über den Bach nehmen. Die Angst hatte er im Wald zurückgelassen. Endlich war er beim Hof angelangt. Die Lichter hinter zwei Fenstern waren noch an. Also waren die Bewohner noch nicht schlafen gegangen.

OKO schaute sich im Hof um. Sah niemanden, auch nicht Wurzel.

Da er müde war und immer noch erhebliche Schmerzen, die von den diversen Balgereien herrührten, verspürte, kroch OKO einfach in die Hundehütte. „Sie ist für Wurzel allein sowieso zu groß". Rollte sich ein und schlief sofort ein.

Im Bauernhaus wurden die Lichter abgedreht. Die Bauersleut gingen zu Bett. Für Wurzel wurde die Haustür geöffnet, damit er in seine Hütte laufen konnte. Der Jäger-Bauer blieb noch eine Weile in der offenen Tür stehen, um die gute Luft einzuatmen und zu riechen. Zu riechen, wie das Wetter morgen sein würde. Der Jäger-Bauer roch nämlich immer am Abend das Wetter des nächsten Tages.

Da spürte er die Schnauze von Wurzel an seinem Bein. „Na, wos is, Wurzel?" Sie deutete an, dass sich ihr Herrl etwas ansehen sollte, indem sie stupste, sich in die Richtung Hundehütte bewegte, wieder stupste, sich wieder zurückwendete. So ging es mehrmals, bis sich dieser mit einem: „Du bist aber lästig, Hund!" endlich in Bewegung setzte.

Wurzel lief voran zur Hundehütte und deutete mit der Schnauze hinein. Der Jäger-Bauer, der sich hinunter bückte, konnte in der finsteren Hütte nichts sehen, er rief: „Peterl, bring mir die Taschenlampe, damit ich schauen kann, was die dalkerte Wurzel will".

Rasch kam Peterl mit der Taschenlampe und leuchtete in die Hundehütte. Er bemerkte überrascht den Grund. „Das Murmeltier liegt da drinnen."Der Jäger-Bauer schaute ungläubig und musste sich selbst überzeugen. „Sonderbar, ein Murmeltier in der Hundehütte! Es wird wohl jenes aus dem Hühnerstall sein, das wir unlängst dort mit dem kleinen Fuchs hinaus gejagt haben."

Vater und Sohn sahen sich an und überlegten, was nun zu tun sei. Das

Murmeltier zu vertreiben, das kam für Peterl nicht in Frage. Sie überlegten, wie sie Wurzel klar machen konnten, sich einen anderen Ort für die Nachtruhe zu suchen. So standen sie da inmitten ihres Hofes, eine ganze Zeit lang. „Wir werden Wurzel ins Haus mitnehmen und morgen eine zweite Hundehütte zusammennageln", beschloss der Jäger-Bauer. Vater und Sohn drehten sich um und wollten Wurzel auffordern mitzukommen, doch der Hund war verschwunden. Sie wunderten sich und machten noch eine Runde durch den Innenhof, zum Stadel, in den Geräteschuppen und riefen nach Wurzel. Sie jedoch zeigte sich nicht. „Des hat sie noch nie gemacht, einfach abzuhauen."

Peterl ging noch einmal zur Hundehütte, um nach dem Murmeltier zu sehen. Er leuchtete hinein – und sah Wurzel. Der Hund hatte sich einfach neben OKO gelegt, die Hundehütte war groß genug. Er blinzelte ein „ist schon in Ordnung" und grunzte wohlig. Peterl löschte die Taschenlampe, „Vater, alles ist ok, Wurzel und der Murmler schlafen schon."

So gingen sie zufrieden ins Haus zurück, irgendwie froh darüber, einen neuen Hausgenossen zu haben .Und die Arbeit mit einer neuen Hütte hatten sie auch nicht.

Am nächsten Morgen war Peterl schon um sechs Uhr Früh aufgestanden, um die Hundehütte zu besuchen. Die beiden Schlafgenossen saßen schon vor der Hütte, genossen die ersten Sonnenstrahlen und taten so als wären sie schon seit jeher zusammen gewesen.

„Wartet, ich bringe euch ein Frühstück", und schon verschwand Peterl im Haus.

Wenige Minuten später kam er zurück mit einer kleinen Schüssel, in der Haferflocken, Milch, Zucker und etwas Marmelade zusammengemischt waren. Wurzel war überrascht, denn noch nie hatte Peterl ein Frühstück gebracht. Er stellte den Napf vor OKO hin, der sofort mit seiner Nase hineinschnüffelte, kostete und zufrieden zu schmatzen begann. So etwas hatte er noch nie vorgesetzt erhalten, aber es schmeckte.

Als er genug hatte, war immer noch ein erheblicher Rest übrig. OKO sah Wurzel an und forderte sie auf, mitzuspeisen. Wurzel überlegte nicht lang und kostete das neue Futter. Bisher hatte sie ja nur einmal am Tag gefressen und da hauptsächlich Fleisch und Reste aus der Küche. Aber man soll im Leben alles versuchen, dachte die Hündin. „Warum nicht auch ein Müsli, das OKO so gut gemundet hat." Und es schmeckte überraschend ordentlich.

Zufrieden ging Peterl zurück ins Haus, er war froh, so früh aufgestanden zu sein. so hatte er noch Zeit vor der Schule sich zu den zwei zu gesellen. Er zeigte OKO den gesamten Bauernhof. Kuhstall, den Kobel der Schafe, der allerdings jetzt leer war. Geräteschuppen, Werkstätte, Futterkammer, auch den Hühnerstall, den OKO allerdings schon kannte. Zuletzt das Haus selbst, in dem die Jäger-Bauern Familie wohnte. Küche, Wohnzimmer, die gute Stube, Badezimmer und Schlafzimmer. Am Schluss, sein eigenes Zimmer. Das war sehr gemütlich. In der Ecke ein Bett, in der anderen ein Matratzenlager, wohl als Spielwiese gedacht, ein Teddybär, ein kleiner Tisch mit zwei Holzsesseln. Auf dem Tisch Papier und verschiedener Schreibkram. Unter dem Tisch ein Ranzen, der schon gepackt war. Die Schultasche, die Peterl aufhob und schulterte. Es war an der Zeit, sich auf den Schulweg zu machen.

„Pfiat euch, ich muss jetzt los. Bis zu Mittag!"

Mit Peterl trabten sie aus dem Haus und kehrten zu ihrer Hütte zurück. Während des Rundganges hatte Peterl erwähnt, dass am Hof, seit es Wurzel gab, keine Katzen mehr geduldet wurden. Er fragte Wurzel, „In jedem Bauernhof gibt es doch Katzen, wieso hier nicht?", OKO hatte dies von DINKO erfahren, der sich schon einmal mit einem Kater gematcht hatte. Mit wenig Erfolg und einigen Kratzwunden.

„Ich mag diese Kreaturen nicht, sie kommen mir nicht auf den Hof. Punktum!" Damit war das Thema ein für alle Male erledigt.

Vor der Hütte blieben sie noch eine Weile in der Sonne liegen und freuten sich am Leben. Ein dunkler Schatten mit Flügelschlag stieß vom Himmel und landete am Dach des Hundehauses. Wurzel sprang auf, sträubte die Haare am Rücken und knurrte. „Es ist mein Freund PING", beruhigte OKO und rief gleichzeitig „Hallo PING, super, dass du heute kommst. Kannst gleich mein neues zu Hause und meine neue Freundin kennenlernen." PING wippte zweimal mit dem Kopf in Richtung Wurzel.

Dann schilderte OKO, warum er nun hier gelandet war. PING verstand es, „aber DINKO, was sagt er?"

„Wir haben vereinbart, uns so oft wie möglich zu treffen, außerdem hat mich die Füchsin eingeladen, immer, wenn es mir danach wäre, zu ihr in den Bau zu kommen."

„Das ist gut, dass ihr euch in Freundschaft getrennt habt", bemerkte PING, „und wie ist es zwischen DINKO und Wurzel, Hund und Fuchs, kann das funktionieren?"

„Alles in Butter, auch die zwei haben sich schon einmal getroffen. Im Hühnerstall", fügte OKO vorsichtig hinzu. „Da DINKO mein fast Bruder ist, wird ihn Wurzel und auch die Familie akzeptieren." OKO schielte zu Wurzel, um festzustellen, ob sie das auch so sah. Sie grinste, indem sie die linke Lefze hochzog und meinte nur: „Das ist so", obwohl sie darüber noch gar nicht nachgedacht hatte.

Der Jäger-Bauer war schon eine Zeit im Hof und beobachtete die drei Geschöpfe bei der Hundehütte, zog sein Smartphone aus der Tasche und verewigte das sonderbare Trio. „Am Stammtisch werden sie staunen", murmelte er. Die drei Köpfe wandten sich in seine Richtung. PING machte sich startbereit, doch der Jäger-Bauer winkte ab, „macht nur weiter, ihr werdet euch viel zu erzählen haben". Gesagt und Abgang in den Stall.

So blieb PING doch noch, auch, um sich auszuruhen, denn der Weg von der Alm bis ins Tal war weit und anstrengend. Am Einfahrtstor bewegte sich etwas. OKO hatte ihn sofort erkannt. Es war DINKO, nicht irgendetwas. „Da ist mein Bruder DINKO", zu Wurzel gewandt, „darf er kommen?"

Wurzel nickte und es sah aus als würde sie mit der Pfote winken.

„Komm her DINKO, es sind alles Freunde, die sich mit mir freuen, dass du schaust, wie es mir geht. Ich nehme an, darum geht es dir." DINKO machte seinen Kratzfuß vor den Freunden „ich wollte nach sehen, ob du auch willkommen bist beim Jäger-Bauer, denn wenn nicht, hätte ich dich wieder mitgenommen. Aber wie es ausschaut, ist alles bestens. Sogar Kamerad PING hat dich schon gefunden."

„Von oben sieht man mit scharfen Augen viel mehr. Kilometerweit erkennt man, wo eine Maus aus der Erde kriecht, da soll ich euch nicht finden?" belehrte PING den Fuchs im Stile eines Oberlehrers.

Es war ein langer Tratsch, PING erzählte von der Bergen, DINKO von seinen letzten Ausflügen mit Reineke, Wurzel von der Fährtensuche im Wald. Dabei hatten sie nicht bemerkt, dass der Jäger-Bauer mit seiner Frau nahe hinter ihnen stand und ein weiteres Foto schoss.

„Wunderbar", meinte er nur. Die Vier erschraken, vor allem DINKO, aber, da der Jäger-Bauer kein Gewehr bei sich hatte, war keine akute Gefahr für ihn.

„Wurzel, wir müssen in den Wald, ich muss dort noch einige Bäume anzeichnen, während die Mama das Mittagessen vorbereitet. Wenn Peterl aus der Schule kommt, sind wir wieder zurück." Der Jäger-Bauer holte sein Gewehr aus dem Gewehrschrank im Vorzimmer, kam wieder heraus, winkte den Verbliebenen zu und machte sich mit Wurzel auf den Weg in den Wald.

DINKO war zuerst erschrocken, als er das Gewehr sah. Allerdings jetzt wusste er, dass sein Kommen auf den Bauernhof genehmigt war, auch wenn er ein Hühnerdieb und Fuchs war. Die Hühner auf diesem Hof waren natürlich tabu. Das musste er noch seinen Geschwistern übermitteln, Reineke und die Füchsin waren ja schon im Bilde.

Die Gruppe löste sich bald auf, PING erhob sich in die Lüfte, DINKO trottete heim. OKO zog es zur Wiese, wo Gräser, Blüten, kleine Käfer und Würmer, und auch die eine oder andere Wurzelknolle seinen Hunger stillen würden.

Fast gleichzeitig kamen Peterl aus der Schule und der Jäger-Bauer mit Wurzel aus dem Wald zurück. OKO von seinem Schlemmerausflug.

Nach dem Mittagtisch, von dem einige Fleischreste an Wurzel und gekochtes Gemüse an OKO abfielen, kam Peterl zur Hundehütte und teilte den beiden mit, dass nun einige seiner Mitschüler kommen würden, um OKO kennenzulernen.
„Die haben alle geglaubt, ich bin ein Gschichtldrucker . Sie werden sich wundern." Peterl freute sich schon auf die erstaunten Gesichter der Buben und Mädchen.

Es dauerte nicht lange, als sie Kinderlärm vernahmen. Kinder können nie leise unterwegs sein.

Langsam trudelte fast die gesamte Schulklasse am Bauernhof ein. Als sie OKO, der sich vorsichtig in die Hütte verzogen hatte, und erst auf das Rufen Peterls hin herausgekrochen war, entdeckten, gab es ein Flüstern und Gekicher, lautes Lachen und zuletzt frenetisches Beifallklatschen. Sie blieben alle, bemühten sich, OKO zu berühren und zu streicheln. Die Bäuerin brachte Apfelsaft und Schmalzbrote. Ein richtiges Happening, das allerdings nach zwei Stunden mit einem „jetzt aber macht eure Hausaufgaben!" der Mutter Peterls beendet wurde.

Die Kinder verabschiedeten sich von OKO und Wurzel, bedankten sich bei der Bäuerin und verließen den Hof.

Auch Peterl verschwand im Haus und kam erst wieder heraus, als die Sonne schon niedrig stand.

Am Abend bekam Wurzel sein offizielles Futter, OKO einen Korb mit Grünzeug, das er wohl höflichkeitshalber kostete, aber beschloss, sich lieber selbst zu versorgen. Denn die Menschen wussten ja wirklich nicht, was einem Murmeltier schmeckt.

Mit einem gemütlichen Beisammensein in der Stube ließ man den Tag ausklingen. OKO durfte auf der Sitzwiese liegen. Am Boden Wurzel, die es unter ihrer Würde fand, auf einem weichen Sofa zu liegen. Peterl spielte mit seinen Eltern noch „Mensch ärgere dich nicht", bis der Jäger-Bauer meinte, es wäre spät und, da Peterl morgen wieder Schule hätte, Bettruhe angesagt. Nach wenig intensivem Widerstand begleitete Peterl die zwei Hundehüttenbewohner hinaus, „Gute Nacht und träumt schön."

Die beiden beobachteten Mond und Sterne, ehe sie, auch schon müde, beschlossen, dem nächsten Tag entgegenzuschlafen. Hund und Murmler schmiegten sich aneinander und schlossen die Augen.

KAPITEL 8

Am nächsten Morgen mächtiger Lärm. Schon knapp nach sechs Uhr früh. Der große blaue Traktor, den OKO schon im Schuppen gesehen hatte, stand ratternd in der Mitte es Hofes. Der Jäger-Bauer überprüfte noch das Gerät, das vor dem Traktor Motor befestigt war.

Peterl kam Augen reibend im Schlafanzug aus dem Haus. „Sobald du aus der Schule kommst, hilfst du beim Heuen, beeil dich nach Hause!" Befehl statt einem Guten Morgen. „Ja Vater", murrte Peterl, wenig begeistert. Dann verschwand er wieder im Haus. Wurzel war schon neben dem Traktor, als OKO noch etwas verschlafen aus der Hütte schaute.

Die Erntezeit hatte begonnen. Zuerst war das Mähen der Wiesen dran. Dazu musste es einige Tage trockenes Wetter geben. „Nur dann wird das Heu richtig nahrhaft." Der Jäger-Bauer hatte am Vorabend ja das passende Wetter gerochen. Und wie es aussah, hatte er die richtige Nase gehabt.

Zusätzlich hatte die Wettervorherschau im „Landboten" den Jäger-Bauer veranlasst, dieses Jahr ein paar Tage früher zu beginnen. Wurzel freute sich schon. Beim Mähen der großen Wiesen, gab es immer Erlebnisse. Hasen konnten gejagt werden, die sich im Gras versteckt hatten und vor der drohenden Lärmmaschine flohen. Igel konnten aufgestöbert werden, wobei diese dank ihrer Stacheln nur Unterhaltung boten und keine jagdbaren Wesen waren. Wurzel meinte, die Igel hätten große Ähnlichkeit mit Murmeltieren. OKO, dem die Hündin ihre Gedanken zuflüsterte, meinte nur „Stacheln hätte ich auch gerne."

Der Jäger-Bauer ging laut pfeifend durch das hohe Gras, bevor er mit dem Mähen begann. Vor Jahren hatte er ein Jungreh mit den scharfen Messern des Mähers erwischt. Das wollte er nicht noch einmal erleben. Den Blick des verletzten Tieres, das er damals mit seinem Jagdmesser vom Leiden erlösen musste, konnte er bis heute nicht vergessen.

Wurzel blickte nach ihrem Schlafgenossen. „Kommst du mit?", fragte sie. OKO war sofort dabei. Er wusste zwar nicht, wohin und warum, aber nachher würde er es schon wissen.

So zogen sie los. Voran der Mäh Traktor, daneben Wurzel und dahinter OKO. „Du kommst dann bitte nach etwa einer Stunde, um das Gras aufzulockern", rief der Traktorlenker seiner Frau zu.

Es war das Eldorado für OKO. Er sah das Gras fallen, die saftigen Stengel, die vielen Insekten, Käfer und Wurzeln, sie schmeckten herrlich und waren so frisch. Der Jäger-Bauer sollte jeden Tag mähen.

OKO fraß und fraß, dann legte es sich in die Sonne und ruhte. Er merkte gar nicht, dass die Bäuerin schon dabei war, das Gras zu schütteln und auszubreiten, damit es rascher trocknete. Er bekam auch nicht mit, dass der Traktorlärm verstummt war. Wie lang der Verdauungsschlaf, nach dem Göttermahl gedauert hatte, wusste OKO nicht. Es war ihm so wohlig zu Mute, das Leben war herrlich.

Wurzel war mit dem Traktor nach Hause gelaufen und hatte ganz auf OKO vergessen. Sie erschrak als sie es merkte, denn es war absolut nicht in Ordnung, OKO allein zu lassen. Nach dem Mähen kamen oft Greifvögel, um Mäuse zu fangen, die sich bisher im hohen Gras verstecken konnten. Das war nun gefallen und sie waren gezwungen, sich neuen Unterschlupf zu suchen. Auch Füchse und Marder, eventuell ein Dachs, sogar Wiesel konnten OKO bei ihrer Suche nach Leckerbissen gefährlich werden. Wurzel machte kehrt und flog fast zurück zur Wiese. Ihre Angst um den Freund war Gott sei Dank ohne Folgen geblieben. Aber sie nahm sich vor, OKO nie mehr in so einer Situation alleine zu lassen. OKO lag immer noch mit dem Bauch in der niedergehenden Sonne. Es war nichts passiert.

Gemeinsam schlenderten sie zurück zum Hof. OKO freute sich schon auf die nächsten Ernteeinsätze.

Dass der nächste allerdings schon am Nachmittag des nächsten Tages stattfinden sollte, hatte er fast vergessen. Doch dann erinnerte er sich an die Anweisung des Jäger-Bauer an seinen Sohn Peterl am Morgen, bevor dieser zur Schule gegangen war. Er wollte mit Peterl übrigens auch einmal zur Schule gehen, das hatte er sich vorgenommen. Aber heute war wieder Ernteeinsatz.

Natürlich war Peterl am Nachmittag dabei. Auch die Bäuerin, Wurzel und selbstverständlich OKO. Der Jäger-Bauer thronte auf dem Heuwender. Es dauerte nicht allzu lange, denn das zu Heu gewordene Gras war dank der starken Sonnenstrahlen schon ziemlich trocken. „Morgen können wir am Nachmittag das Heu schon einholen", meinte der Jäger-Bauer. Peterl musste sich, zu Hause angekommen, sofort an die Hausaufgaben machen. „Die letzte Schulwoche hat begonnen. Freitag gibt es Zeugnis, "erklärte Peterl dem Murmeltier. „Und heute ist für dieses Jahr die letzte Hausaufgabe fällig."

OKO dachte nach, wie er es schaffen könnte noch diese Woche in Peterls Klasse zu kommen. Es musste ihm bald etwas einfallen. Am nächsten Tag beobachtete Peterle, wie er sich auf den Schulweg vorbereitete. Ganz heimlich während des Frühstücks, das für ihn schon standardmäßig aus einem Müsli verschiedenster Zusammensetzung, je nach dem, was in der Küche vorhanden war, bestand. Zuzüglich einer Handvoll Getreidekörner. Die Bäuerin hatte eines Tages beobachtet, wie OKO in den Hühnerstall geschlichen war und einige Körner stibitzt hatte. Sie schmeckten ihm anscheinend.

Am Nachmittag wurde das Heu eingeholt. Viermal wurde der vollbeladene Anhänger von der Wiese in den großen Schuppen gefahren und dort entladen. Ein riesiger Heuberg. „Heuer sieht es gut aus", freute sich der Jäger-Bauer." Noch der zweite Anger morgen oder übermorgen, dann haben wir für den Winter genug Vorrat." War das die Vorbereitung für den Winterschlaf? Sinnierte OKO.

Am Vortag hatte OKO erkundet, dass Peterl bevor er das Haus verließ, nur noch das

Jausenpackerl in den Schulranzen stopfte. Bis dahin stand dieser offen in seinem Zimmer.

Da das Schuljahr gerade zu Ende ging, war auch der Ranzen nicht so angefüllt mit Heften und Büchern. Der Laptop blieb auch schon zu Hause, die Noten waren schon fixiert. Es gelang OKO sich unbemerkt ins Haus zu schleichen. Glaubte er. Wurzel war nicht zu täuschen, sie schlich ihm nach.

Als sie sah, wie OKO mühsam in den Ranzen kroch, musste sie grinsen. Wurzel hatte ja vom Wunsch OKOs gewusst. Mit der Pfote hielt sie den Ranzen weiter auf, damit OKO nicht steckenblieb. „Hoffentlich fällt Peterl nichts auf, denn eine Feder bist du nicht mehr, OKO, du hast schon einige Kilos." Dann zog sich Wurzel zurück. Ihre Anwesenheit in Peterls Zimmer wäre auffällig gewesen. Sie schob auch die Müslischale in die Hundehütte, die OKO noch nicht angerührt hatte. Die Abwesenheit von OKO konnte so nicht sofort auffallen.

Es klappte. Peterl verstaute das Jausenpakerl, schulterte den Ranzen, erstaunt, dass er heute so schwer war. Aber da er in der Früh noch nicht ganz da war, dachte er nicht darüber nach.

In der Schule angekommen, warf er den Ranzen auf die Bank des Umkleideraumes. OKO wimmerte leise, „Aua das hat weh getan"!

Nachdem Peterl die Schuhe gegen die Schulpatschen gewechselt hatte, ging er mit samt OKO im Ranzen in die Klasse. Beim Aufschnüren des Schulranzens sah ihm die Schnauze OKOs entgegen. „Bist du deppert?" entfuhr es Peterl.

Er war so überrascht, dass er den Ranzen samt OKO fallen ließ. „Schon wieder", jammerte OKO. Es tat ganz schön weh.

Verärgert kroch er aus seinem Versteck. Einige von Peterls Schulkammeraden hatte OKO schon am Jäger-Bauernhof kennengelernt. Die anderen staunten umso mehr. „Schau, wie lieb." „Komm doch zu mir!" „Lass dich streicheln", ein Stimmengewirr, die Köpfe der Kinder neigten sich zu OKO, einige setzten sich auf den Boden... Da ging die Tür zum Klassenzimmer auf. Die Lehrerin kam herein. Sie wurde gar nicht bemerkt, geschweige denn zur Kenntnis genommen.

„Ruhe!" rief die Lehrerin, „seid ihr verrückt?" Die Kinder verstummten und begaben sich zu ihren Schulbänken. Übrig blieben auf dem Katheder Peterl mit seinem Ranzen und OKO. „Das also ist des Pudels Kern." Die Kinder verstanden nicht ganz. Peterl murmelte „das ist ein Murmeltier kein Pudel."

„Ich weiß schon, Peterl, es war nur so ein Ausspruch." Dann beugte sie sich zu OKO hinunter, der furchtlos vor ihr stand, ja er stellte sich sogar auf den Hinterbeinen auf, um es der Lehrerin einfacher zu machen. Sie streichelte den struppigen Gesellen, richtete sich auf, „na, wenn du schon da bist, werde ich euch ein wenig über die Lebensweise und Gewohnheiten der Murmeltiere erzählen."

Die Lehrerin war eben flexibel und da in der letzten Woche sowieso der Lehrplan des Schuljahres erfüllt war, war ihr diese überraschende Abwechslung sogar ganz recht.

Und so kam es, dass die erste Stunde nur über OKO und die Murmeltiere gesprochen wurde. Deren Leben auf den Bergen, in den Erd- und Felsbauten, den Winterschlaf, die Fortpflanzung, ihre Lieblingsnahrung. Eine richtige Unterrichtsstunde, außerplanmäßig.

Es war während der ganzen Stunde mucksmäuschen still in der Klasse, alle horchten aufmerksam und schauten immer wieder auf den braunen Zwerg, der inzwischen das Klassenzimmer inspizierte.

„Was aber macht ein Murmeltier hier im Tal?" fragte die Lehrerin zum Schluss. „Er lebt bei uns am Hof, schläft in der Hundehütte gemeinsam mit unserem Jagdhund, hat einen jungen Fuchs als Freund und eine Bergdohle besucht ihn regelmäßig. Frisst zum Frühstück ein Müsli, Hühnerfutter und sonst verpflegt er sich selbst auf den Wiesen und am Bach", berichtete Peterl.

„Sensationell!", die Lehrerin war sprachlos. „Weißt du, es ist nun besser, du gehst mit dem Tier, das du OKO nennst, nach Hause, aber nicht im Ranzen. Einfach wie mit deinem Hund, OKO wird schon mittrappeln. Und du berichtest mir nächstes Schuljahr von Zeit zu Zeit über deine Erlebnisse mit OKO. Ich bin neugierig, wie es weitergeht. Ob er einen Winterschlaf hält, ob er sich verkriecht, ob er sich ganz normal, wie unsere anderen Haustiere, verhalten wird, einfach alles... pfiat di, Peterl, bis morgen zur Zeugnisverteilung."

Peterl ging langsam durch den Ort, neben ihm OKO, das Murmeltier. Am Vormittag sind nicht viele Menschen unterwegs im Ort, aber die Wenigen, die das seltsame Paar trafen, waren verblüfft und drehten die Köpfe lang nach ihm um.

Ein mittelgroßer schwarzer Hund, bullig und mit bösen Augen, hatte die zwei auch bemerkt und ging ihnen eine Zeit lang nach. Es war Peterl gar nicht geheuer und er beschleunigte seine Schritte. OKO kam ohne Schwierigkeiten trotz seiner kurzen Haxen mit Peterl mit. Außerdem war ihm der Schwarze auch nicht egal. Dieser kam immer näher, trotz gesteigertem Tempo. Ein Traktor kam den beiden auf der Straße entgegen. Der Bauer am Fahrersitz rief dem Hund etwas zu. Dieser drehte um und lief neben dem Traktor zurück, dorthin woher er gekommen war.

Erleichtert atmete Peterl auf, OKO vergaß seine Angstgefühle und frohgemut setzten die beiden den Heimweg fort. Als sie sich dem Hof näherten, kam ihnen schon Wurzel entgegen und auch die Bäuerin. „Peterl, was ist dir da eingefallen, OKO in die Schule mitzunehmen?", fing sie an zu keppeln. Doch nachdem ihr Peterl den Hergang erzählt hatte, musste sie lachen. War es doch OKO gewesen, der sich eingeschlichen hatte.

Am nächsten Tag brachte Peterl das Jahreszeugnis nach Hause. Für seine Eltern war es zufriedenstellend ausgefallen, das war die Hauptsache.
Die zwei Monate, die Peterl nun Schulferien hatte, waren gleichzeitig auch Erntezeit am Bauernhof.

KAPITEL 9

Aber es war nicht so, dass Peterl tagein tagaus den Knecht spielen musste. „Du musst alles einmal können, um den Hof zu übernehmen", hatte der Jäger-Bauer seinem Sohn mehrmals erklärt, „doch sollst du trotzdem Ferien haben, die dir Spaß machen".

Es blieb genug Zeit für viele gemeinsame Spiele und Wanderungen der drei Unzertrennlichen: Peterl, Wurzel und OKO. Vor allem bei schlechtem Wetter, denn dann ruhten Traktor und Erntemaschinen.

Schon in der zweiten Ferienwoche besuchten sie gemeinsam den Fuchsbau, wobei OKO gemeint hatte: „Wurzel, du solltest vielleicht zurückbleiben, damit du nicht den Bau siehst und den Jäger-Bauer herführen kannst." Wurzel jedoch beruhigte ihn: „Wir wissen schon lange, wo dieser Fuchsbau ist, aber der Jäger-Bauer hat gemeint, zu jedem Revier gehören auch Fuchsfamilien, damit das Gleichgewicht in der Natur erhalten bleibt, es sei denn sie vergreifen sich an unseren Hühnern."

Also ging Wurzel mit. Die beiden ließen OKO den Vortritt, sozusagen, um den Besuch anzukündigen.

Aber es gab keinerlei Problem. DINKO war zu Hause und führte bei der Begrüßung einen Freudentanz auf. Die Füchsin schaute beunruhigt auf Wurzel und den Buben, doch DINKO, dem OKO bereits anvertraut hatte, dass der Bau amtsbekannt wäre, „Mutter, das sind meine Freunde, sie werden uns nie schaden."

„Wartet, ich muss Reineke vorbereiten", sagte sie und verschwand im Bau. Gemeinsam mit dem Chef des Fuchshotels kam sie wieder. Reineke grüßte mit einer leichten Verneigung. Dann ließen die Altvorderen die vier Freunde allein, die sich allerhand zu berichten hatten. Und zuletzt noch vereinbarten, sich bald wieder zu treffen. OKO versprach jedenfalls, mit seinen Freunden wiederzukommen. Und zwar noch im Sommer, solange Peterl nicht in der Schule sein musste. Und fügte hinzu, „natürlich bist du am Hof jederzeit gern gesehen. Komm einfach, wenn du Lust hast", so verabschiedete sich OKO von DINKO seinem Bruder.

Auf dem Hof wurde emsig für die Haupternte an den Geräten gearbeitet: Traktor, Mähdrescher, Pflug und Egge wurden geprüft, wenn notwendig repariert, geölt, und bereitgestellt. Mit Ausnahme des Traktors waren die anderen Maschinen ja ein Jahr in der Garage gestanden.

Und dann ging es los. Immer, wenn das Wetter es erlaubte, waren die Bauersleut auf den Feldern unterwegs. Mit ihnen natürlich Peterl, Wurzel und OKO.

Raps war das erste, dann Gerste und Weizen später etwas Hopfen und Sonnenblumen. Der Jäger-Bauer hatte eine ziemlich große Wirtschaft, daher musste das Einbringen der verschiedenen Sorten rasch vor sich gehen. Es lief alles wie am Schnürchen. Das Ernten, Mähen, Dreschen, das Verpacken des Strohs. All das war bis ins Detail organisiert. Ein Computer Programm hätte es nicht besser können.

„Es hilft dir die beste Organisation nichts, wenn das Wetter nicht mitspielt", relativierte der Jäger-Bauer den Wert seiner Ernteplanung.

Und mit dem Einbringen war es nicht getan. Die Produkte mussten ja verkauft und abtransportiert werden. Weizen und einen Teil der Gerste zur Mühle, der restliche Teil der Gerste und der Hopfen zur Trumer Brauerei. Die Sonnenblumenkerne wurden abgeholt. Zuletzt lud der Jäger-Bauer beide Anhänger voll mit Raps. „Wurzel, gib mir gut auf die Meinen acht. Du weißt ja, wie jedes Jahr führ ich die Rapsernte in die Jachenau und komme erst morgen zurück", verabschiedete er sich. Die mit Planen abgedeckte Fracht tuckerte hinter dem Traktor aus dem Hof.

Von allen Getreidesorten blieben jedoch genug Körndln und wurden in großen Holzkisten eingelagert. Hühnerfutter und für die Schafe als Beifutter. Sogar Sonnenblumenkerne für die Vögel, die im Winter in der Natur nur wenig finden konnten, bewahrte die Bäuerin auf. Das Stroh wurde in riesigen Ballen im unteren Teil des Heuschobers untergebracht, der obere Raum war ja bereits mit Heu gefüllt.

Bei allen Ernteeinsätzen war OKO nicht nur dabei, sondern ein emsiger Sammler verschiedenster Gustostückerln, die er sonst nicht auf seinem Speiseplan hatte. Da an Erntetagen die Arbeiten oft bis in die Nacht dauerten, gab es nicht viel Zeit für Spiele und Ausflüge. Müde ging es meistens nach dem Abendbrot ins Bett, auch Wurzel und OKO gewöhnten sich an diesen Rhythmus.

An einem Regentag hatten die drei Freunde den Fuchsbau nochmals heimgesucht und waren mit Pomp und Trara empfangen worden. Es wurden sogar Reste eines Festmahls angeboten. Doch nur Wurzel nahm das Angebot an, ein Stück vom Rehrücken zu kosten. Reineke und DINKO hatten nämlich in der Nacht ein verletztes Reh gefunden und es, nachdem sie es von den Schmerzen erlöst hatten, nach Hause geschleppt.

Manchmal näherte sich auch DINKO den Erntearbeitern, in der Absicht, eventuell OKO anzutreffen. Da saßen sie dann am Feldrain und beobachteten das Treiben.

Ende August war die Hauptarbeit getan, doch noch blieb beileibe keine Zeit zum Ausruhen. Die Bäuerin kochte ein. Marmeladen, Kompotte, presste Obstsäfte und pasteurisierte sie anschließend. Während der Jäger-Bauer die Felder pflügte, eggte und dann schon Winterweizen anbaute. Alles wurde vorbereitet für das Frühjahr. Der Herbst kündigte sich an, die Tage wurden wieder kürzer, nicht mehr ganz so heiß. Peterl musste an die Schule denken, die Schwalben rotteten sich zusammen und übten den Flug in den Süden. Und die Bauern bereiteten sich auf das Erntedankfest vor. Höfe wurden wieder einmal geweißt, die Kühe gestriegelt und ihre goldenen Glocken geputzt, die Fenster mit Blumen geschmückt. Alles gerichtet für den Dank an die Natur, die auch dieses Jahr so reichlich gegeben hatte.

Am letzten Sonntag im August war es so weit. Mit einem in buntem Blumenschmuck erstrahlenden Traktor ratterten sie zum Kirchplatz. Auf dem Anhänger festlich gekleidet Frau und Sohn des Jäger-Bauern, der selbst eine Lederne und dunkle Joppe trug. Dort geschah manches, das OKO, der von Peterl mitgenommen worden war, nicht verstand. Ansprachen vom Bürgermeister und Pfarrer, die den Dank an wen auch immer für den Erfolg der Ernte richteten. Allerlei Krimborien mit Segnungen und Weihwasser. Es war schon etwas langweilig. Aber endlich war das Gelaber vorbei. Glocken läuteten und die Traktoren setzten sich wieder in Bewegung. Die langsam durch den Ort stotternde Kolonne bewegte sich in Richtung Jägerbauernhof.

Dort war alles vorbereitet. Tische standen schön gedeckt im Hof. Essen wurde von der Bäuerin aufgetragen, Bier und Most ausgeschenkt. Es wurde gegessen, getrunken, geredet, gelacht und dann kamen die Musikanten. Sie spielten auf und einige der Gäste, aber auch der Jäger-Bauer mit der Bäuerin tanzten auf der erhöhten Laderampe, die dafür eigens hergerichtet worden war.

Selbst Peterl tanzte einen Landler mit seiner Mutter und später mit einer Schulfreundin was Moderneres.

Weit in die Nacht hinein dauerte das Fest. Wurzel und OKO waren längst in die Hundehütte verschwunden, konnten allerdings erst einschlafen, nachdem die Musikanten ihre ohrenbetäubenden Aktivitäten eingestellt hatten. Peterl fielen zwar schon die Augen zu, aber er blieb tapfer bis zum Schluss.

Damit war ein Jahreskapitel abgeschlossen. Der Kalender strebte Weihnachten und dem Jahreswechsel entgegen.

KAPITEL 10

Weihnachtszeit

OKO wusste nicht, wovon Peterl sprach und worauf er sich schon freute, aber Wurzel versicherte ihm, dass es wunderschön sein wird.

Die folgenden Wochen verliefen ruhig. Gleich nach dem Erntedankfest startete Peterls Schule. Der Jäger-Bauer brachte alle Maschinen und Fahrzeuge wieder in Schuss, so konnten sie für den Winter eingaragiert werden. Nur ein Traktor blieb einsatzbereit im Schuppen und die Schneeräummaschine. Ein uriges Trum mit einer überdimensionalen Schaufel.

Und immer öfter schulterte der Jäger-Bauer sein Gewehr, rief Wurzel und marschierte in den Wald. Jagdzeit. OKO fürchtete um DINKO und seine Familie, aber Wurzel beruhigte ihn immer, „die Fuchsfamilie ist tabu so wie unsere Hühner für DINKO und Genossen." Allerdings eingeladen wurde OKO nicht, mit in den Wald zu kommen. Anscheinend wollten die zwei unter sich bleiben. Daher verselbständigte sich das zurückgelassene Murmeltier, nahm Stock und Hut und verließ ebenfalls den Bauernhof Richtung Wald.

Bei seinen Streifzügen durch Wald und Wiesen sah OKO kaum andere Tiere. Sie waren anscheinend informiert, dass jetzt eben Jagdsaison war. Da verschwindet man besser und macht sich unsichtbar.

Auch die Schwalben und andere Zugvögel waren in die Wärme geflogen. Im Stall, die Nester waren leer. Trotzdem waren immer noch genug Vögel da, nur die Vielfalt war halt kleiner. Obwohl, wenn die Amselmänner loslegten, dann gab es ein wunderbares Konzert.

Die dominierende Farbe im Frühjahr und Sommer war grün, von saftig hell bis Trockengrün. Jetzt färbten sich die Wälder viel bunter. Die Blätter der Laubbäume verwandelten sich in fantastisch gefärbte Kunstwerke von gelb über ocker, von orange bis hellrot und blaurot. Sie verabschiedeten sich in einer berauschenden Farbsymphonie. Büschelweise fielen sie zu Boden, um später zu Humus für die Bäume zu werden, die sie getragen hatten.

Während die meisten Nadelbäume ihr volles Grün auch in den Winter trugen, wurden die Nadeln der Lärchen vergoldet, ehe sie abfielen.

Die Felder und Äcker zeigten sich erdig braun und manche fast schwarz.

OKO konnte sich an dieser Pracht nicht sattsehen. Am Berg gab es solche Farbspiele nicht. Auch PING, der wieder einmal ins Tal gejettet war, berauschte sich an dieser für ihn ungewohnten Farbpracht. Er jubilierte und machte kühne Loopings, so sehr freute er sich. Er blieb besonders lange da er sich von dem Schauspiel, das ihm die Natur im Tal bot, nicht loslösen konnte.

Es war schon ziemlich finster, als PING seine Freunde wieder verließ, um nach Hause zu fliegen. Immer noch den Rausch der Farben bewundernd, setzte er zum Heimflug an, allerdings nicht ohne zuvor über den

Fuchsbau zu streifen, in der Hoffnung, DINKO grüßen zu können. Doch die Fuchsfamilie war nicht zu Hause oder verhielt sich ruhig. In der Jagdsaison wagten sich die Füchse nicht allzu oft aus dem Bau. Zumindest nicht während des Tages. Auch wenn vom Jäger-Bauer auf Grund des Waffenstillstandes keine Gefahr drohte. Andere Jäger wussten nichts von dem Deal. Sie hatten im Wald des Jäger-Bauern zwar nichts zu suchen, schon gar nicht zu schießen. Aber wer weiß bei den Menschen schon, wie sie ticken.

Langsam wurden die Tage kürzer, die Sonne versank rascher hinter den Bergen und kam später hervor. Die Arbeiten am Hof verlegten sich immer mehr nach innen. Im Schuppen wurde Holz geschnitten und gekloben, in der Stube hockte die Bäuerin, beschäftigt mit Stopfarbeiten, Stickereien, Häkeln. Auch im Haus wurden immer wieder verschobene Reinigungsarbeiten in Angriff genommen. „Es hilft nichts, einmal im Jahr muss es sein", bestimmte die Bäuerin. Peterl half, nachdem er seine Hausaufgaben erledigt hatte, einmal der Mutter, einmal dem Jäger-Bauer, ehe er sich vor dem Abendbrot zu Wurzel und OKO gesellte. „Ich helfe lieber dem Vater, weil der macht Männerarbeit nicht langweiligen Weiberkram", teilte er seinen Kumpanen mit. Aber es half ja nichts, die Chefin war das Weib.

Eines Morgens im Oktober wachte OKO auf, trat vor die Hundehütte und stand im kalten Schnee. Er war über Nacht gefallen und hatte alles in weiß gefärbt. Den Hof, die Dächer des Hauses und der Scheunen, die Wiesen hinter dem Zaun, die Bäume im nahen Wald, zum Teil noch mit ihren Blättern. Die Tannen, Fichten und Lärchen waren in der aufgehenden Sonne zu weiß und silbrig glitzernden Wunderwerken geworden. OKO weckte Wurzel, die oft ein wenig länger schlief. Doch für sie war das nicht neu. Einige Jahre hatte sie das schon erlebt. Aber es war jedes Mal wieder etwas Großartiges. Für OKO sollte eigentlich nun der Zeitpunkt gekommen sein, sich in einen Bau zurückzuziehen, um den langen Winter durchzuschlafen.

Aber einerseits: in welchen Bau? Andererseits: weshalb überhaupt? Es waren keine Vorräte fürs Überwintern gelagert. OKO hatte auch nicht genügend Fett in seinem Körper gespeichert. Wozu auch, hatte er ja alles. Vom Futter, über die Geselligkeit, bis hin zur Möglichkeit sich im Notfall im Bauernhaus zu wärmen. Also verschwendete OKO weiters keinen Gedanken über diesen Teil seines Murmeltier Daseins.

In den nächsten Wochen erlebte OKO die Schönheiten des Winters. Gemeinsam mit Wurzel beobachtete er die Kinder, die sich Schneeballschlachten lieferten, lustige Schneemänner modellierten, sich gegenseitig mit Schlitten zogen und Hügel hinuntersausten. Da musste man schon vorsichtig sein, um nicht unter die Kufen zu kommen .

Die Schneedecke verschwand nicht mehr. Die Tage begannen später und endeten früher. Immer häufiger nahm OKO die Einladung der Bäuerin, ins Haus zu kommen, an. Es wurde am Kamin vom Krampus, der Adventzeit, von der Sonnenwende und dem Weihnachtsabend gesprochen. Die Bauersleut hatten auch einiges vorzubereiten. Der Jäger-Bauer stimmte die Gitarre und probte einige Lieder. Peterl machte seine Hausaufgaben emsiger und sorgfältiger als normal, er hoffte ja, besonders viele Geschenke zu bekommen.

„Was soll das Getue um die Weihnachtszeit?" fragte OKO seine Freundin Wurzel. Sie überlegte kurz: „Wahrscheinlich dient das alles, den Menschen die etwas langweilige kalte Jahreszeit etwas bekömmlicher zu machen." „Dafür die Kerzen, die überall angezündet werden, dafür die schrecklichen Lieder?" wunderte sich OKO. Wurzel schüttelte nur Ohren und Schwanz, auch ihr war der tiefere Sinn nicht bewusst geworden. Sie freute sich jedoch auch, da es am Weihnachtsabend eine große Wurst für sie geben würde. Darauf durfte man sich schon freuen. „vielleicht geht es den Menschen auch so", murmelte Wurzel.

Wie dem auch sei, für OKO vergingen die Tage zu langsam, sein Aktionsradius war auch zu sehr eingeschränkt. Der hohe Schnee verhinderte weitere Ausflüge. Es blieben nur Hof, Scheunen, Ställe um ein wenig Zerstreuung zu suchen. Die blöden Hühner hatten nichts zu erzählen, die Schafe, von denen einige geschoren waren und komisch nackt aussahen, blökten nur fad herum. Bei den Kühen hielt sich OKO gerne auf. Sie waren freundlich und immer gut gelaunt. Sie erzählten von der Alm und den guten Gräsern auf den Wiesen und Weiden, und bald würden sie wieder hinaus können.

Täglich ließ sie der Jäger-Bauer auch hinaus in den Schnee. „Frische Luft schnappen", wie er es nannte. Meist blieben die Kühe aber nicht sehr lange in der Kälte, vor allem weil es nichts zu fressen gab. Und wenn man nicht wiederkäuen kann, ist das Leben für eine Kuh nicht einmal halb so schön.

Jetzt war sie also da, die Adventzeit.

Als erster kam Knecht Ruprecht und brachte Schokolade, Nüsse, und gute Ratschläge für Peterl, tags darauf der Krampus mit Kettengerassel, Peitschen und einem bösen schwarzen Gesicht. Und er humpelte, den Pferdehaxn aufstampfend durch die Stube. Er hatte es gar nicht auf Peterl abgesehen, der war ja das Jahr über brav gewesen. Der schwarze Geselle war nur erschienen, weil es so üblich war. „Brav sein, auch du!" dabei blickte der Kerl mit Hörndln und Pferdefuß besonders den Jäger-Bauer an. Die Bäuerin lächelte in sich hinein.

OKO betrachtete das alles mit erheblichem Unverständnis. Allerdings die Nüsse schmeckten ausgezeichnet und er konnte gar nicht genug davon bekommen. Die nächsten Wochen verstrichen in Erwartung des Weihnachtsabends und der darauffolgenden Feiertage, an denen die gesamte Großfamilie zu feierlichen Festessen eingeladen war. „Wie jedes Jahr," bemerkte Wurzel.

Die Choreografie war wie folgt: Am Vormittag des 24. Dezembers wurde die Tanne, die der Jäger-Bauer tags zuvor aus dem Wald, natürlich in Begleitung Wurzels und OKOs, geholt hatte, in ein Standkreuz gepfercht und in die Stube gebracht, wo sie der Bäuerin zur weiteren Behandlung überlassen wurde.

Nur Peterl durfte nichts davon wissen. Er war zu einer Tante am anderen Ende des Dorfes geschickt worden, so dass er nicht die Verwandlung der Tanne in ein glitzerndes, mit vielen Kugeln und bunt verpackten Schokoladebonbons behangenes Gebilde sehen konnte. Silberne Ketten, weiße Schneeflocken aus Watte und viele Kerzen vollendeten das Kunstwerk, auf das die Bäuerin stolz war. „Es ist ein wunderschöner Christbaum, heuer", das sagte sie wie jedes Jahr zu ihrem Mann, der nur zustimmend nickte.

Am Abend kam Peterl genervt von seiner Tante zurück. Er musste im Vorraum warten. Eigentlich wusste er schon längst, dass der Jäger-Bauer und die Mutter Christkind gespielt hatten. Aber was solls? Sie würden sich über seine „Überraschung" freuen und er sich über die Geschenke.

Da läutete ein Glöckchen, die Tür zum Wohnzimmer wurde geöffnet und vor ihm stand ein wunderschön geschmückter und mit vielen flackernden Kerzen erleuchteter Christbaum. OKO und Wurzel waren ebenfalls mit Peterl herein gekommen. Die Stille des feierlichen Staunens wurde unterbrochen durch den Griff des Jäger-Bauern nach der Gitarre. Dann erklang eine unstimmige Widergabe des „O Tannenbaum" und danach „Stille Nacht, Heilige Nacht." Nur die erste Strophe, der Text der weiteren Strophen war verloren gegangen.

„Frohe Weihnacht!" wünschte die Bäuerin, sie küssten sich und Peterl widmete sich dem Hauptzweck dieses Abends, den Geschenken die unter den Baum, in bunten Weihnachtspapieren verpackt, gelegt worden waren. Von wem wohl?

OKO bekam eine ziemlich große Schüssel mit verschiedenen Nüssen hingestellt, daneben ein Tannenzweigerl, vielleicht auch zum anknabbern? Traditionelle Weihnachten gab es auch für Wurzel, die, wie jedes Jahr einen ganzen Kranz Extrawurst, ebenfalls drapiert mit einem Zweigerl, auf einem Teller serviert bekam. Peterl öffnete seine Geschenke, ebenso die Bäuerin und der Jäger-Bauer. Viel „Aha" und „Oho" und „Danke". Freude über Dinge, die man, gäbe es keine Weihnachten, vielleicht nie bekommen hätte. Oder doch?

Nach dem Abendessen zogen sich die drei Menschen ihre Joppen über. Der Jäger-Bauer nahm eine Räucherpfanne in die Hand, die Bäuerin entzündete die darin befindlichen Kohlestückchen, gab ein wenig Wachs dazu. „Damit es besser und länger glost und raucht." Mit der Räucherpfanne, vorangetragen von der Bäuerin, bewegte sich die Karawane: Jäger-Bauer, Peterl, Wurzel und OKO zuerst durch das Haus, dann in den Geräteschuppe, in den Heuschober, in den Kuhstall, den anliegenden Schafstall, zu den Hühnern, die aufgeregt von ihren Stangen flatterten.

Überall, wo Gefahr vor bösen Geistern drohen könnte, wurde der Rauch verbreitet.

Trotz der empfindlichen Kälte, die in der Weihnachtsnacht herrschte, räucherten sie jeden Winkel und jede Ecke des Hofes. Zufrieden kehrten sie wieder in die Stube zurück. Sollten die bösen Geister nur kommen.

Während Wurzel und OKO mit vollem Bauch in ihr Domizil verschwanden, ging die Bauersfamilie noch zur Kirche, wo die Mitternachtsmette, Treffpunkt aller Dorfbewohner, die sich gegenseitig „Frohe Weihnachten" wünschten, zelebriert wurde.

Die folgenden Feiertage waren volle Action am Hof. Gäste kamen. Bruder und zwei Schwestern des Jäger-Bauern, die Eltern der Bäuerin, also Peterls Großeltern, Tanten, Onkeln und viele Kinder, einige von ihnen im Alter Peterls. Sie kamen aus Bayern, Südtirol und auch Wien. Halt überall her, wohin es Teile der großen Familie hingeführt hatte. Oma und Opa Peterls waren aus Kanada gekommen, wohin sie schon vor der Geburt Peterls ausgewandert waren. Peterl hatte seine Großeltern bisher nie kennengelernt. Verständlich, dass er den alten Herrschaften kaum von der Seite wich. Aber da auch alle anderen Familienmitglieder mit den Kanadiern reden wollten, meinte die Bäuerin zu Peterl: „Jetzt geh mit den Kindern spielen, Oma und Opa sind morgen auch noch da und ihr werdet genug Gelegenheit haben, euch richtig kennenzulernen." Peterl hatte verstanden.

Er schnappte sich Wurzel und OKO und rief die anderen Kinder zu sich. Gemeinsam stürmten sie in den Hof. Schnell entwickelte sich eine heiße Schneeballschlacht, bei der auch Wurzel und OKO kurzfristig mitmachten. Rasch jedoch verzogen sich die Beiden flüchtend vor den weißen Geschoßen allerdings in die Hundehütte. „Unfair, wenn man nicht zurückschießen kann", brummte Wurzel.

Nach diesen Familientagen wurde es wieder ruhiger am Bauernhof. Am Silvesterabend wurde noch einmal das Anwesen durch Räuchern vor bösen Geistern geschützt. Um Mitternacht, sozusagen als Begrüßung des „Neuen Jahres", krachten Böller und Raketen, die natürlich die schlafenden Hundehüttenbewohner aufschreckten. Der Jäger-Bauer war gar nicht begeistert und schimpfte auf einige unverbesserliche Dorfgenossen. Das Wild sollte doch nicht gestört werden, der Winter war ohnehin schon schwer genug für die Waldbewohner. OKO nahm sich vor, in den nächsten Tagen nach DINKO zu sehen.

Am Neujahstag war es allerdings DINKO, der wohl ähnliche Gedanken gehabt hatte wie OKO, der seine Freunde am Jäger-Bauernhof aufsuchte. Die Schonzeit hatte begonnen. Alle Wald- und Wiesentiere waren schon informiert. Hasen, Rehe, Hirsche wussten, dass keine Gefahr mehr von den Jägern drohte.

Wenn die Schonzeit auch nicht für Füchse gilt, sie konnten leider das ganze Jahr über gejagt werden, so war es ein Erfahrungswert, dass die Jäger generell eine Pause einlegten und meist ohne Flinte durch die Wälder streiften. Außerdem wusste DINKO ja, dass er am Hof nicht nur von OKO willkommen geheißen wurde, sondern auch bei der Jäger-Bauern Familie einen Stein im Brett hatte. Ihre Hühner waren jedenfalls in den letzten Monaten ungeschoren geblieben und das hatte der Jäger- Bauer wohlwollend vermerkt.

DINKO erzählte, er wäre nun der letzte der Familie Reinekes, der noch bei Mama wohnte. Die anderen Geschwister waren ausgezogen und hatten neue Reviere gesucht. Nicht ganz ein Jahr hatte die gemeinsame unbeschwerte Jugend gedauert. Jetzt waren sie alle auf sich allein gestellt. Von den Eltern hatten sie alles gelernt, was sie brauchten, um zu überleben. „Ich bin noch im Bau geblieben, um etwas mehr Zeit zu haben, einen geeigneten Unterschlupf zu finden, der nicht allzu weit von euch beiden entfernt ist", erklärte DINKO.

„Aber ich habe etwas gefunden, das euch gefallen wird, ein Stückchen den Goglberg hinauf, in einem verfallenen Unterstand, samt Wurzelstock."

„Und", fügte DINKO hinzu „die nächste Generation ist im Altbau auch schon wieder unterwegs. Übrigens die Füchsin, als angehende Mutter, und auch Reineke würde sich über einen Besuch von dir OKO sehr freuen. Die Füchsin ist übrigens schon ganz schön mollig." Nachdem er die Neuigkeiten berichtet hatte, verabschiedete sich der junge Fuchs, der nun erwachsen geworden war, höflich von den beiden Hundehüttenbewohnern. „Nächstes Mal bringe ich eine Visitkarte mit, in der meine neue Anschrift festgehalten sein wird."
Und weg war er.

KAPITEL 11

Eine Woche nach dem Jahreswechsel kamen drei kleine Könige auf den Hof. Kinder aus dem Dorf, mit goldenen Kronen, Räucherstäbchen in einer Schachtel und noch irgendwelchem staubigen Zeug. „Weihrauch-Pulver" nannte es die Bäuerin, die es auch gleich auf den Küchenofen streute. Der Geruch war gewöhnungsbedürftig, dachte OKO bei sich.

Eines der Kinder, ein Königsmädchen hatte ein schwarz angemaltes Gesicht. Die anderen hatten prunkvolle Mäntel um ihre Schultern. Sie sagten ihre Sprücherln auf.

OKO hatte nicht verstanden, worum es ging und Wurzel konnte auch nichts erklären. Peterl meinte, die drei wären gekommen, um mit ihren Wünschen dem Hof und seinen Bewohnern Glück zu bringen. Die Bäuerin hatte auch etwas in die mitgebrachte Sparbüchse geworfen. Die Anführerin der drei Könige malte einige Zeichen an die Eingangstüre. Dann zogen sie weiter.

Der Christbaum wurde von der Bäuerin „abgeräumt". Der Schmuck in den entsprechenden Schachteln gestapelt, und im großen Kasten ganz hinten verstaut. Damit war die Weihnachtszeit vorbei.

Das Leben im „Neuen Jahr" war eigentlich nur eine Fortsetzung des Alten.

Jedes Lebewesen begann sich schon auf das Frühjahr zu freuen. Peterl musste wieder täglich zur Schule gehen, Wurzel und OKO machten ihre Spaziergänge durch den Schnee, besuchten einmal sogar den Fuchsbau. Allerdings war niemand zu Hause.

Also machten sie unverrichteter Dinge wieder kehrt.

PING hatte sich auch nicht blicken lassen. OKO war doch schon etwas besorgt. So viel Zeit hatte sein gefiederter Freund noch nie verstreichen lassen, ohne sich zu zeigen. Aber er konnte ja nicht auf den Berg fliegen um nachzusehen.

Es war ein sehr schöner Morgen. OKO und Wurzel hatten mit Genuss ihr Müsli gefrühstückt. OKO streckte sich noch in der Sonne vor der Hütte ein wenig aus, während Wurzel in die Werkstatt nach dem Jäger-Bauer sah, der dort einen Tram bearbeitete, den er im Schuppen einbauen wollte. Ein Schatten vor dem Zaun, der den Gemüsegarten schützte. Etwas Schwarzes trieb sich dort herum. Unbemerkt schlich der Schwarze in den Hof. Es war der große Hund, der OKO schon einmal nahegekommen war. Im Dorf am Heimweg mit Perterl von der Schule. Und er schien auf der Suche zu sein. Es sah absolut nicht aus nach einem zufälligen Vorbeikommen.

Denn ohne Vorwarnung stürzte sich der mordgierige Hund auf OKO. Dieser jedoch hatte gerade die Augen blinzelnd gegen die Sonne geöffnet und erkannte die Gefahr.

Mit erstaunlicher Geschicklichkeit drehte sich OKO auf die Seite und floh hinter die Hundehütte und von dort Richtung Eingangstür. Der Schwarze war zwar verblüfft, aber schnell wieder hinter dem Fliehenden her. Knapp vor der Eingangstür war er über OKO. Hielt ihn mit der schweren

Pfote fest und begann hinunterzubeissen. OKO verspürte Schmerzen und Todesangst. Er war so geschockt, dass er weder pfeifen noch winseln noch sonst irgend ein SOS Zeichen von sich geben konnte.

Da fühlte er sich plötzlich frei. Wurzel, die gerade wieder aus der Werkstatt kam, hatte den schwarzen Hund über OKO gesehen und war, ohne Rücksicht auf Verluste, diesen angesprungen, um dem armen Freund zu helfen.

Es begann ein wilder Kampf mit Geknurre und Hin-und Herbeisserei. Wurzel war wendig, mutig und konnte lange den schweren Hund fordern. Doch der Ausgang des Kampfes war eindeutig vorherzusehen, der Rottweiler war einfach zu stark. Schließlich hatte dieser Wurzel unter sich gebracht und biss mit Zorn und Mordlust auf ihn ein. OKO war immer noch starr vor Angst, aber jetzt sah er Wurzel in äußerster Not. Der Schwarze hatte ihn schon an der Gurgel. OKO schrie seine ganze Angst hinaus und pfiff so laut er konnte, um Hilfe für seine Wurzel herbeizuholen. Der Jäger-Bauer stürmte aus der Scheune, in der Hand sein Schnitzmesser. Er erkannte sofort die brenzlige Situation. Lief auf die Kämpfenden zu, wollte den Rottweiler in die Höhe reißen, doch der hatte sich festgebissen. Der Jäger-Bauer überlegte nicht, seine Hand mit dem Messer stieß zu. Dem Schwarzen genau zwischen die Rippen. Dieser ließ ab von Wurzel und wandte sich dem neuen Gegner zu, richtete sich auf, knurrte bösartig und brach zusammen.

Niemand kümmerte sich um den am Boden liegenden fremden Hund. „Maria, hol die Autoschlüssel und komm mit dem Wagen her! Rasch bitte!" Das musste er nicht hinzufügen, denn die Bäuerin war schon heraus gekommen, als die Pfiffe OKOs den Jäger-Bauer zu Hilfe geholt hatten. Sie stieg in das Auto und reichte dem Jäger-Bauer noch eine Decke, auf die er Wurzel betten konnte. Dann hob sie OKO, dessen weiße Vorderpfote blutig war, auf und legte ihn auf den Beifahrersitz. Der Jäger-Bauer saß mit Wurzel auf dem Schoß auf der Rückbank. So rasten sie zu der Tierklinik Schwarz.

Dort angekommen, stürmte der Jäger-Bauer mit Wurzel in den Armen durch das Wartezimmer. Direkt in den Behandlungsraum. Dr. Schwarz wollte schon einen strengen Verweis erteilen, doch als er die Lage erkannte, beendete er sofort die Routinebehandlung eines Setters und bat die begleitende Dame, sich im Wartezimmer zu gedulden. Dem Jäger-Bauer, der den bewegungslosen Hund auf den OP Tisch gelegt hatte, rannen Tränen die Wangen herunter. „Sie lebt noch, das Herz schlägt zufriedenstellend", versuchte der Arzt den Jagdfreund zu beruhigen. „Es wird länger dauern, ich sehe mehrere schwere Bißverletzungen. Am schlimmsten ist natürlich die Halswunde, die Aorta ist angerissen, daher der starke Blutverlust". Er rief nach seiner Assistentin und meinte zum Jäger-Bauern, „du musst jetzt gehen, es wird lang dauern, sehr lange. Ruf gegen sechs am Abend an, dann kann ich dir schon Genaueres sagen."

Der Assistentin trug er auf, alle Wartenden, deren Tiere keine Notfälle waren, nach Hause zu schicken und zu bitten am nächsten Tag wieder zu kommen. Der Jäger-Bauer verließ den OP Raum. Inzwischen hatte die Bäuerin einem jungen Tierarzt, der hier seinen Praxisdienst versah, OKO gezeigt. Dieser war natürlich über den sonderbaren Patienten verwundert, untersuchte ihn jedoch gründlich. „Anscheinend hat er keine gröberen Verletzungen, außer dieser Bisswunde am Vorderhaxerl, sonst wahrscheinlich nur Quetschungen, aber wir machen rasch ein Röntgen, sicher ist sicher." OKO ließ das alles ruhig über sich ergehen, noch war er zu geschockt von den Ereignissen. Er wollte nur, dass Wurzel wieder Wurzel sein würde und nicht eine leblose Freundin.

„Ich sehe keine Verletzungen an Knochen und Gelenken", meinte der junge Tierarzt, „wenn er nach dieser Nacht weiter jammert oder eventuell Blut spuckt, dann bitte gleich kommen. Aber heute können sie das Murmeltier nach Hause mitnehmen."

Wortlos verließen die Bauersleut mit OKO die Praxis, fuhren schweigend nach Hause. Dort war Peterl bereits aus der Schule gekommen, überrascht, weil keine Eltern zu Hause und kein Mittagessen vorbereitet war. Als er erfuhr, was geschehen war, brach er in Tränen aus.

An Hausaufgaben war heute nicht zu denken. Peterl legte OKO auf den Diwan neben sich und streichelte ihn andauernd. Als könnte er Wurzel auf diese Weise helfen. Die Stunden bis 6 Uhr schienen nicht zu vergehen, immer wieder schauten alle auf die Uhr, um den Zeiger voranzutreiben. Knapp vor der vereinbarten Zeit klingelte das Telefon. „Die Operationen sind gut verlaufen, Wurzel schläft noch, aber sie ist außer Gefahr. Nach dieser Nacht kann ich euch sagen, wann ihr sie holen könnt, aber sicher noch nicht morgen." Mit dieser Nachricht machte er den Wartenden die größte Freude. Sie fielen sich um den Hals. „Übrigens vergesst nicht", fügte Dr. Schwarz hinzu, „eurem sonderbaren Gast die Beruhigungsmittel, die mein junger Praktikant mitgegeben hat, ins Futter zu mischen, sonst schläft er schlecht", und kicherte . Schon hatte er aufgelegt.

Die Familie war heilfroh über diese Nachricht. Es schien ihnen, dass auch OKO verstanden hatte, dass Wurzel bald wieder bei ihnen sein würde. Er bekam aus gegebenem Anlass sogar an Stelle des Standard Menus ein Abendmüsli mit den Tabletten, welche die Bäuerin mitbekommen hatte. Es dauerte nicht lange und OKO war auf dem Diwan fest eingeschlafen. Auch die Familie zog sich ermüdet nach diesem aufregenden Tag zurück. Lange hörte Peterl seine Eltern noch reden. Er war auch noch viel zu aufgewühlt und voll Sorge, um sofort zu einschlafen zu können. Aber irgendwann war es dann ruhig im Bauernhof.

OKO war als Erster wach, überrascht auf dem Diwan im Wohnzimmer zu liegen. Doch er spürte bei der ersten raschen Bewegung die Schmerzen und die gestrigen schrecklichen Geschehnisse waren wieder präsent. Nur Wurzel war nicht da. Der Murmler hatte ja keine Ahnung, was mit Wurzel geschehen war. Zwar hatte er mitbekommen, dass die Familie zu weinen aufgehört und eine gute Nachricht aus der Tierklinik erhalten hatte, aber mehr? Wo war denn Wurzel?

KAPITEL 12

OKO hoppte runter und schlich durch die Stube. Die Tür zu Peterls Zimmer war offen. Vorsichtig näherte er sich dem Bett, in dem Peterl schlief. Da streckte sich die Hand des Jungen herunter und streichelte OKO zärtlich. „Ich kann auch nicht mehr schlafen, ich möchte unbedingt wissen, wie es unserer Wurzel geht", flüsterte er OKO zu . Dann nahm er den Freund hinauf in sein Bett. So blieben sie eng aneinandergeschmiegt liegen, bis sie die Eltern rumoren hörten.

„Vater ruf den Doktor an!", rief Peterl an Stelle eines Guten Morgen Wunsches dem Jäger-Bauer zu. „Vor 9 Uhr ist niemand in der Klinik. Erst dann können wir nachfragen, wie es Wurzel in der Nacht ergangen ist", antwortete der Vater.

Das Frühstück wurde fast wortlos eingenommen. „Du musst jetzt zur Schule gehen", meinte die Bäuerin, „ich habe dir eine Entschuldigung geschrieben, weil du keine Hausaufgaben gemacht hast."

Peterl hob an zu widersprechen, da er einfach nicht fortgehen wollte, ohne zu wissen, wie es seinem Hund ging und verdrückte ein paar Tränen. „Wenn du nach Hause kommst, werden wir schon mehr wissen, dann können wir Wurzel vielleicht besuchen", entschied die Mutter.

Unzufrieden, aber dem Befehl folgend, verließ Peterl mit seinem Ranzen den Hof. OKO wollte sich ihm anschließen, da er aber bei der ersten rascheren Bewegung höllische Schmerzen verspürte, verzichtete er darauf. Die Bäuerin hatte das Zusammenzucken des kleinen Kerls bemerkt. „Ich gebe dir noch die Pulver ins Müsli, die uns der Tierarzt mitgegeben hat. Ein paar Tage werden die Blessuren noch weh tun, hat er uns ja gesagt. Geduld OKO, wenn du keine Schmerzen mehr hast, ist Wurzel auch wieder zu Hause." Die Sorgen um die Hündin drückten OKO mehr als Schmerzen, aber was konnte er denn tun.

Am Vormittag erhielten sie die Mitteilung, dass die Nacht für Wurzel gut verlaufen wäre. „Ich bringe unserem Hund etwas zum Fressen, was er gerne hat", meinte die Bäuerin, doch der Arzt stoppte sie, „Die nächsten zwei, drei Tage wird Wurzel nichts schlucken können, sie bekommt flüssige Nahrung und soll auch nicht aufstehen und herumgehen." Auf die Frage, ob ein Besuch möglich wäre, meinte der Arzt, dass er nichts dagegen habe, jedoch viel Sinn würde es nicht machen. Dann fügte er hinzu: „eventuell soll Peterl mit dem Murmeltier kommen, aber er muss es bis hierher tragen, denn seine Verletzungen schmerzen ihn sicherlich sehr und ich kann mir den Zwerg noch genauer ansehen."

Als Peterl, der schon wissbegierig aus der Schule heimgekommen war, erfuhr, was der Doktor gemeint hatte, wollte er gleich losstürmen. „Erst wird Mittag gegessen, dann könnt ihr los." Die Mutter brachte die Suppe.

Blitzartig verdrückte Peterl Suppe und Speckgröstl, dann rief er nach OKO. „Ich gehe zu Wurzel, und du gehst mit. Einverstanden?" er musste nicht zweimal fragen. Sofort war OKO bereit, gerade, dass er nicht nach dem

Hut griff. Wie von Tierarzt geraten, trug Peterl den „Zwerg" in einem Korb, den die Bäuerin mit einer Wolldecke ausstaffiert hatte.

In der Tierklinik wurden sie von einer Assistentin, die instruiert worden war, dass ein komisches Paar auftauchen würde, zum Krankenlager Wurzels geleitet. Peterl kniete sich neben die schlafende Hündin, OKO stellte sich neben die Nase von Wurzel. Schleckte diese ganz vorsichtig. Peterl streichelte behutsam den seidig weichen Kopf. Der Schwanz Wurzels bewegte sich leicht, sie hatte die Anwesenheit der beiden wohlwollend registriert, aber noch zu schwach darüber hinaus zu reagieren. Die beiden Besucher blieben noch eine Weile, dann folgten sie dem Rat der Assistentin, erhoben sich und verabschiedeten sich mit sanften Berührungen des geliebten Hundekopfes.

„Ich glaube, Wurzel hat ganz leicht die Augen offen gehabt", flüsterte Peterl. OKO nickte, obwohl er eigentlich nichts gesehen hatte. Am Heimweg flüsterte OKO, obwohl sie ja schon auf der Straße waren und Wurzel nicht mehr stören konnten. „Hoffentlich kommt sie bald nach Hause und kann sich wieder bewegen." OKO war immer noch voll Sorge.

„Sie kommt sicher bald und sie wird wieder ganz gesund, bestimmt." Peterl wirkte überzeugt und übertrug seinen Optimismus auf den Murmler.

Inzwischen hatte der Jäger-Bauer den toten Schwarzen auf den Schubkarren gehoben und ihn zum Horner geschoben." Ich hab deinen Hund erstochen, weil er meine Hausgenossen angegriffen und schwer verletzt hat". Der Jäger-Bauer erwartete eigentlich einen Zornesausbruch. Doch überraschender Weise kam es ganz anders. Der Horner, größter Landwirt der Gemeinde, ganz ruhig, „Ich bin schon informiert, die Kunde geht schon durch das Dorf. Entschuldige, es ist grauslich, was mein Hund getan hat. Schau, ihr Bruder ist ein ganz Lieber, tut niemandem etwas, ich hatte schon öfter Schwierigkeiten mit der Schwarzen Teufelin. Geschieht ihr recht. Hoffentlich erholt sich deine Wurzel und das Mankei."

Sie gaben sich die Hand und gegessen war die Angelegenheit.

Noch zweimal besuchten OKO und Peterl ihre kranke Freundin in der Klinik. Sie konnten sich schon verständigen und Peterl erzählte Wurzel, dass der, also die Schwarze tot wäre und somit keine Gefahr mehr für sie und OKO in Zukunft sein konnte. Am Abend des dritten Tages nach den verschiedenen Notoperationen, am Hals, hinter dem linken Ohr und an der Brust, wo ein Stück Haut und Fleisch gefehlt hatte, kam die Frohbotschaft. „Morgen Mittag könnt ihr Wurzel abholen", teilte der Tierarzt seinem Jagdkollegen am Telefon mit, „ich sag dir dann, was du die nächste Zeit bis zur endgültigen Heilung deines Hundes befolgen musst."

Die Bauersleut versprachen Peterl, solange mit dem Abholen zu warten, bis er aus der Schule zurück sein würde. Denn sonst wäre er sicher nicht in die Schule gegangen. „OKO darf auch mit, oder?"

„Natürlich, der gehört ja dazu, jetzt erst recht", versicherte die Mutter und strich mit der Hand über den Kopf ihres Buben.

Am Nachmittag des nächsten Tages fuhren sie dann frohgemut zur Klinik. Die Bäuerin hatte eine große, flauschige Decke vorbereitet, mit der sie Wurzel tragen und auf die Rückbank legen würde.

Wie waren sie überrascht, als ihnen Wurzel in der Rezeption der Tierklinik, begleitet von Dr. Schwarz, auf allen Vieren entgegenkam. Langsam wohl, aber glücklich wedelnd.

Der Arzt gab noch ein paar Ratschläge mit auf den Weg und meinte, in zwei Wochen könnte Wurzel wieder laufen und springen, wie gewohnt. Sie bedankten sich und waren ganz erstaunt, als der Arzt meinte, sie wären nichts schuldig, da der Besitzer der schwarzen Bestie, eben der Horner, alle Kosten übernommen hätte. Wurzel wurde auf die flauschige Decke am Rücksitz gebettet, OKO hüpfte wieder zu Peterl und zurück ging es zum Hof.

Dort angekommen, glaubten sie ihren Augen nicht trauen zu können. Auf dem Dach der Hundehütte saß PING, vor dem Eingangsloch DINKO. Wie die beiden Genossen von der Verletzung und nun vom Zeitpunkt der Heimkehr Wurzels wissen konnten?

Wurzel wurde aus dem Auto gehoben. Er ging sofort breitbeinig zur Hundehütte, um die Freunde willkommen zu heißen. OKO war ihr schon vorausgeeilt. „Du hast dich lange nicht sehen lassen", meinte OKO zu PING gewandt. „Es war eiskalt auf der Alm und stürmisch, kein Wetter, um weit zu reisen", antwortete ihm PING. „Tut mir leid!"

DINKO hatte zwar keine Visitkarten dabei, aber er beschrieb genau den Standort seines neuen Heimes. Die beiden Besucher blieben nicht lange, es wäre für den Rekonvaleszenten zu anstrengend gewesen. Außerdem machte sich auch die Bäuerin schon Sorgen, das ganze könnte Wurzels Genesungsfortschritte schaden. Sie hob die Hündin über die Steinstufen am Eingang und zeigte ihr die neue Ruhestätte. Am Boden, auf einer flachen Matratze mit der Flauschdecke darüber. Außerdem hatte sie schon den nahrhaften Brei, den der Tierarzt empfohlen hatte, vorbereitet.

OKO erzählte den beiden noch kurz von den schrecklichen Vorgängen. Von der schweren Verwundung Wurzels, die ihn in letzter Not vor dem Schwarzen gerettet hatte. Zeigte ihnen auch noch seine eigenen Blessuren.

Sie bedauerten OKO höflicherweise entsprechend und vereinbarten, dass sie bald wieder zusammentreffen wollten, vorausgesetzt Wurzel würde voll einsatzfähig sein. „Vielleicht in meiner neuen Behausung?" fragte DINKO. „OK", meinte PING und OKO stimmte ebenfalls zu. Die beiden schwirrten ab, der eine in die Lüfte, der andere strich zum Waldrand. OKO ging ins Haus zu Wurzel.

KAPITEL 13

Der Fasching oder Karneval ging ziemlich spurlos am Jäger-Bauern Hof vorbei. Einerseits machten sich die Bäuerin und ihr Mann wenig aus „narrischen Gspaßeteln", wie es die Frau bezeichnete und andererseits waren die schrecklichen Erlebnisse Wurzels und OKOs noch zu präsent.

Peterl verkleidete sich für das Schulfaschingsfest am Faschings Dienstag als Spiderman und nahm auch OKO mit. Der allerdings außer genussvoll konsumierten Streicheleinheiten nichts davon hatte. Das Gelächter und Kindergeschrei verstand er gar nicht, die Verkleidungen und die Masken waren ihm suspekt. Da er die ganze Fröhlichkeit nicht kapierte, also auch nicht mitlachen konnte, wurde ihm stinklangweilig. Er stieß Peterl ziemlich bald gegen das Bein, um anzuzeigen, dass er nach Hause gehen wollte. Zuerst mit der Nase, und als das keine Reaktion brachte, etwas gröber mit der Pfote. Doch es fruchtete nichts, Peterl merkte in seiner Karnevalslaune gar nichts.

Verstimmt schlüpfte OKO aus dem Schulgebäude und machte sich selbständig auf den Heimweg.

Da er nun schon einmal im Dorf war, nützte OKO die Gelegenheit ein wenig herumzustreichen.

An den Häusern entlang, immer wieder ringsum schauend, um etwaige Gefahren zu erkennen, erkundete der Murmler den Ortskern. Da kaum Menschen auf den Straßen waren, blieb er lange unentdeckt. Die Häuser der hier lebenden Leute waren anders als der Hof des Jäger-Bauern.

Kleiner, manche mit großen Fenstern und ausgestellten Sachen dahinter. Ein hohes Bauwerk mit einem Turm zum Himmel.

Kinder auf dem Kirchenplatz bewarfen sich mit Schneebällen. Ein kleines Mädchen erblickte den braunen Spaziergänger. „Was ist das da drüben?" Die anderen starrten ebenfalls hinüber zu OKO. So ein Wesen hatten alle noch nie im Leben gesehen. Sie rätselten.
„Eine Riesenratte" meinte ein Bub.
„Ein Zwerg Bär wohl", ein zweiter.
Die Tochter des Bürgermeisters beendete die Raterei: „Es ist eine Faschingskatze, warum sollen sich Tiere nicht verkleiden!" stellte sie fest und rief ein „Miez, Miez" hinüber zu OKO. Doch der trollte sich. „So ein Blödsinn, mich für eine Katze zu halten", murmelte das Murmeltier. Und verschwand um die nächste Ecke.

Vor einem größeren Haus standen komisch gekleidete Menschen, die zusammengebundene bunte Latten, Stöcke mit Schlaufen und riesige Treter in einer Kiste auf einem Unterbau, der auf vier Rädern steht, verstauten. Lachend krochen sie dann in den Unterbau, der sich lärmig ratternd in Bewegung Richtung Ortsausgang setzte. OKO hat keine Ahnung, worum es da ging. Aber er wollte PING nächstes Mal fragen, ob vielleicht er ihn aufklären könnte. PING sah alles und wusste alles. Wahrscheinlich war das ein Motorfahrzeug ähnlich jenem, das der Jäger-Bauer manchmal verwendete. Mit dem er auch Wurzel und ihn in die Tierklinik gefahren hat. Aber es sah ganz anders aus. Klein, gedrungen, halt anders. Aber es war bunt und hatte leuchtende Augen, das gefiel OKO ganz besonders daran.

Nachdem das Fahrgerät verschwunden war, gab es eigentlich nicht mehr viel zu sehen, was OKO interessierte. Daher beschloss er, sich auf den Heimweg zu machen. Müde war er sowieso schon. Ein Murmeltier hat eine hundertprozentige Orientierungs Sicherheit. Von seinem ersten Besuch in der Schule Peterls hatte er sich den Heimweg gut eingeprägt. Und die schwarze Bestie war ja nicht mehr zu fürchten. Also los.

Es dauerte bis er weit nach dem Ortsschild das heimatliche Gehöft erkannte. Er beschleunigte aufatmend seine hoppelnden Bewegungen. Er humpelte ja immer noch ein wenig. Am Eingang liefen ihm schon Wurzel und dahinter Peterl Spiderman entgegen. „Wir haben uns schon Sorgen gemacht, wo warst du denn?" „Spazieren im Ort", erwiderte OKO fröhlich. Froh darüber, dass sie sich Sorgen gemacht hatten. „Jetzt bin ich hungrig", meinte er zu Wurzel. „Kriegst einen Knochen von mir, wennst willst", kicherte der recht gut wieder hergestellte Hund launig.

Am nächsten Tag wollten sie ihr Vorhaben wahr machen und DINKO in seinem Loft besuchen. Hofften dabei, dass PING ihre Gedanken würde lesen können in den fernen Bergen. Es wäre super wenn er auch dazu stoßen würde. OKO verzehrte noch eine Schale Körner und ein Büschel Heu, legte sich neben Wurzel auf die Matratze und vergrub sich in die flauschige Decke. Sie waren beide ja noch Rekonvaleszenten und bedurften der besonderen Pflege. Was sie auch weidlich nützten. So war der Fasching an OKO und Wurzel vorbeigegangen, ohne besondere Eindrücke hinterlassen zu haben.

Am nächsten Morgen, nach dem Müsli Frühstück verließen die beiden die Stube.

Die Bäuerin war im Ort um einzukaufen, der Jäger-Bauer beim Sattler in Imst. Wo war Peterl? Da Samstag keine Schule war, konnte er nicht weit sein. Sie hatten noch nicht mit der Suche begonnen, da stand er, mit sechs Eiern in den Händen, vor ihnen. „Na, ihr zwei, was steht an?"

Wurzel machte dem Jungen klar, dass sie jetzt in den Wald gehen und DINKO besuchen wollten.

Peterl meinte nur, „wartet, ich komme mit. Ich muss nur noch die Eier in den Kühlschrank legen." Er zog sich Bergschuhe und einen dickeren Janker an, dann konnte es los gehen. „Ein schöner Anblick", feixte Peterl, „ein Hund, der ausschaut wie Quasimodo, ein Murmeltier, das nicht hierher gehört, mit mir auf der Pirsch."

„Quasi, was"? fragte Wurzel. Peterl erzählte die Geschichte des Glöcklers von Notre Dame, die er vor kurzem in der Schule gehört hatte. „Schau dich an, Wurzel, dein Ohr ist zerfetzt, dein Hals ist kahlgeschoren und trägt eine lange rote Narbe, An deiner linken Seite fehlt ein Stück Fleisch und das linke vordere Haxl ist immer noch bandagiert." Wurzel war eindeutig beleidigt, obwohl die Aufzählung stimmte. „Und übrigens, Quasimodo sah nur furchterregend aus, aber er war ein ganz gutmütiger und lieber Kerl ", fügte Peterl schnell hinzu, um Wurzel zu versöhnen.

Sie jedoch zeigte ihm nur den Stinkefinger, zumindest in Gedanken. Peterl hatte das auch schmunzelnd bemerkt.

Dank der exakten Beschreibung, die ihnen DINKO gemacht hatte, fanden sie dessen neue Bleibe ziemlich rasch. Allerdings nur den Standort, denn einen Zugang zu einer Behausung konnten die drei nicht erkennen. „Hallo, hier oben bin ich." DINKO hatte sie kommen und suchen gesehen. Er saß etwa zwei Meter über ihnen. „Wartet, ich komme euch holen", und verschwand. Von links kam er ihnen entgegen. „Folgt mir", befahl er ihnen nach den Begrüßungszeremonien. DINKO ging um den großen Wurzelstock eines gefallenen Riesenbaumes herum, durch ein Efeugestrüpp, vorbei an zwei geborstenen Balken, die unter dem gefallenen Baum begraben waren. Dann eine Stufe nach oben. Da sah man den Eingang. Im Bau ging es noch ein Stück hinauf, der breite Gang verzweigte sich in drei füchsische Wohnräume. Einer davon war schon als Schlafstelle eingeräumt, eine Höhle war noch völlig unberührt, im dritten Abteil sah es aus, als würde DINKO sich dort hauptsächlich aufhalten. „Voila, mein Schloss," bemerkte DINKO ganz stolz zu den Freunden. Fast hatten sie Peterl vergessen. Der hatte ja nicht in den Bau kriechen können. Der Eingang war nicht groß genug für einen Menschen, auch wenn er noch nicht ganz ein Großer war.

DINKO verschwand nach oben rechts, ein versteckter Seitengang, der auf einen „Aussichtsturm" führte. Dorthin, wo die drei

Besucher DINKO zuerst gesehen hatten. DINKO und die beiden anderen, die dem Fuchs auf diese Aussichtsplattform gefolgt waren, sahen unten Peterl, der etwas belämmert, wie bestellt und nicht abgeholt, dastand. Ein kurzer Beller von Wurzel und Peterl sah die drei lachenden Genossen.

„Wir kommen gleich." Zurück ging es einen anderen Weg, so dass sie von der anderen Seite auf Peterl stießen, der einfach nur staunte. Unweit vom neuen Unterschlupf DINKOs gab es eine idyllische Oase. Ein bunter Wiesenfleck umgeben von hohen Bäumen. Auf einer Seite begrenzte ein kleiner Bach die Waldinsel. Im Bach war allerdings noch Schnee und Eis. Doch unter der Eisfläche hörten sie es schon glucksen. Die Wiese war fast gänzlich schneefrei. Dorthin führte sie DINKO. Im Kreis ließen sie sich nieder und begannen zu berichten.

DINKO erzählte, wie er die Höhle gefunden hatte und dass er beabsichtige, hier eine Fuchsfamilie zu gründen. Eine Partnerin schwebe ihm schon vor, verkündete er kryptisch. Die drei wollte natürlich Näheres wissen, doch DINKO schwieg beharrlich. „Ich bin abergläubisch und möchte nichts verschreien", meinte er nur. Dann erzählte er, dass PING vor einiger Zeit vorbeigekommen wäre, nachdem er am Jäger-Bauernhof niemanden angetroffen hatte. „Aber Wurzel, wie bist du zu deinen Verletzungen gekommen?" fragte DINKO, der die Geschichte nochmals ausführlicher hören wollte, die Hündin. Es war an OKO, die ganze Geschichte vom schwarzen Mörderhund nochmals, aber diesmal ganz detailliert, zu berichten und ohne Unterlass zu betonen, dass sich Wurzel als seine Retterin erwiesen hatte und dabei fast selbst draufgegangen wäre. „Die Retterin meines Retters", ergänzte DINKO, der selbst einmal in größter Not vom Murmeltier ins Leben zurückgeholt worden war.

Sie hatte es genossen, nach längerer Zeit wieder zusammengekommen zu sein. Es gab auch genug zu quatschen. Dennoch irgendeinmal ist Schluss mit Lustig, wie Peterl es ausdrückte. Außerdem war der Wiesenboden noch sehr feucht und sie hatten schon nasse Hintern.

Die drei Waldgänger rüsteten zum Aufbruch, immerhin war es noch ein Stück bis nach Hause. „Für die beiden Behinderten ist dieser erste Ausflug anstrengend genug", stellte Peterl, der heute ganz schön frech war, fest. DINKO winkte ihnen zu, „ich komme euch besuchen, um zu berichten, ob es geklappt hat mit meiner Schlossherrin. Haltet mir eure Pfoten."

KAPITEL 14

Es waren ruhige Wochen, die folgten. Die Tage wurden länger, die Temperaturen wieder angenehmer, der Schnee zog sich zurück. „Wenn er auch noch nicht schmilzt, verdampft er einfach", gab Peterl seine Schulweisheiten weiter. „Was heißt Verdampfen?" wunderte sich OKO. „Na der Schnee löst sich in Gas auf und kehrt zu den Wolken zurück, woher er gekommen war", vereinfachte Peterl die Vorgänge in der Natur.

Der Jäger-Bauer bereitete alles für das Bestellen der Äcker und Felder vor, er nannte es „Bauzeit"

Vom Lagerhaus holte er Körner und Samen und auch Saatkartoffel. Die Bäuerin war immer häufiger im Gemüsegarten zu beobachten, wie sie die Beete von Resten des Vorjahres reinigte, Gliederungen vornahm, wo sie was anpflanzen würde. Stutzte manche Sträucher. Zeitgerecht, denn schon suchten die Vögel geeignete Stellen für den Bau ihrer Nester.

Peterl hatte für die Schule doch recht viel zu arbeiten. Die Hausaufgaben waren umfangreich, und wenn diese gemacht waren, musste er häufig dem Vater zur Hand gehen.

Wurzel und OKO waren wieder in die Hundehütte umgesiedelt. Die Wunden Wurzels verheilten zufriedenstellend. Die Risse am Ohr würden wohl sichtbar bleiben, aber die anderen Blessuren verschwanden unter den Hundehaaren, die abgebissene Sehne war erfolgreich geflickt worden, so dass der Beweglichkeit der Hündin keine Grenzen gesetzt waren.

Auch OKO war wieder in Form, nur noch die Erinnerung an die schrecklichen Sekunden blieb.

Allerdings fand OKO, dass sich Wurzel irgendwie sonderbar benahm. Zuerst war er erschrocken, als er merkte, dass seine Freundin blutete. Und er wollte sie trösten und beruhigen, aber sie wendete sich ab. Sie war wie ausgewechselt und ließ ihn immer häufiger abblitzen.

„Oje", sagte Peterl zu OKO, der ihm traurig geklagt hatte, Wurzel würde ihn nicht mehr gern haben und beruhigte das besorgte Murmeltier.

„Sie ist wieder einmal läufig. Da wird es immer lustig, weil so viele Rüden auf Besuch kommen werden, gib acht OKO." Dieser verstand nur Bahnhof. Was war läufig? Warum kamen da andere Hunde? Peterl mit seinen dreizehn Jahren konnte keine plausible Erklärung geben und verwies auf die Bäuerin. Was insofern wenig erfolgversprechend war, da OKO die Bäuerin und die Bäuerin nicht OKO verstand. So hoffte der Murmler, PING würde bald kommen. Denn PING wusste alles und würde es ihm erklären können.

Wie es Peterl vorhergesagt hatte, strichen in den nächsten Tagen mehrere Hunde um den Hof. Die zwei mutigsten wagten sich sogar herein. Wurzel ließ sich beschnuppern und umtänzeln, aber weitere Aktivitäten verbat sie sich unmissverständlich mittels Knurren und Zeigen der Zähne. Die Lefzen bedrohlich hochgezogen. Nur diese zwei ließ sie an sich herankommen. Andere, egal ob groß oder klein, dick oder schlank, höflich oder fordernd, fesch oder zum vergessen, nicht. Wurzel war konsequent.

Die zwei Favoriten waren ein Schäferhund und ein bayrischer Gebirgsschweißhund, wie Wurzel einer war. Nachdem die Favoriten von Wurzel ausgewählt waren, spielten sich die beiden Vasallen als Security auf. Alle anderen Hunde wurden vertrieben. Gingen sie nicht freiwillig, dann sprachen die Zähne. Es war gut, dass DINKO nicht zum Hof kam, denn bei so vielen Hunden hätte es gefährlich für ihn werden können. OKO war sich allerdings sicher, dass ihm selbst nichts geschehen würde. Denn als sich der Schäferhund ihm einmal bedrohlich nahe kam, knurrte Wurzel, um zu zeigen dass sein Freund tabu wäre. Um seine Chancen nicht zu schmälern, zog der Rüde sofort seinen Schwanz ein.

„Also hat sie mich doch noch gern", freute sich OKO, dem allerdings die Vorkommnisse rund um Wurzel unbegreiflich waren.

Der Jäger-Bauer, der das Treiben um Wurzel und ihre Läufigkeit natürlich auch beobachtete, hätte grundsätzlich nichts dagegen, wenn Wurzel mit dem Rüden ihrer Rasse zusammenkäme. Einen Mischling mit einem Schäferhund wollte er sich gar nicht vorstellen. Aber wie konnte er die Wahl Wurzels beeinflussen? Gar nicht. Also blieb ihm nur die Hoffnung, dass die Hündin die richtige Entscheidung treffen würde.

In der zweiten Woche der „Läufigkeit", an einem herrlichen Vorfrühlingstag stach PING herunter vom blauen Himmel und landete auf der Hundehütte. OKO hatte schon dringend gewartet und war froh, mit PING seine vielen Probleme besprechen zu können. „Hallo OKO, hallo Wurzel", grüßte die Dohle, beide freuten sich über den Besuch. Aber bald klinkte sich Wurzel aus, da ihre Freier erschienen waren.

„Wir machen einen Spaziergang", meinte PING, „hier ist es momentan ungemütlich." OKO war einverstanden und schlug den Weg Richtung DINKOs Schloss ein. „Nicht gut", warf PING ein, „dort spielt sich das selbe Theater wie hier am Hof ab." „Was für ein Theater", murmelte OKO, der sich nicht erklären konnte, was sich abspielte. Stutzte und schlug brummend die Richtung zum Bach ein. Dort konnten sie sicherlich ungestört plaudern. Er war schon ganz ungeduldig, seine Fragen stellen zu können und lief sehr rasch Richtung Bach. „Willst du mir davon laufen?" grinste PING. Beide mussten über diesen Scherz lachen und das lockerte auch die Stimmung. „In lockerer Stimmung kann man viel leichter plaudern", belehrte PING, der Weise, „du siehst so wissbegierig und nervös aus. Wir sind gleich da. Dann kannst du loslegen." Und OKO legte los, nachdem sie sich es bequem gemacht hatten.

„Was ist los mit Wurzel und DINKO?"

„Ganz einfach, DINKO ist verliebt in eine süße Füchsin und Wurzel hat die Entscheidung, welchen Rüden sie zu ihrem Geliebten wählt, anscheinend noch nicht getroffen, ist aber ebenfalls verliebt. Vielleicht in beide Freier", belehrte PING den jungen Murmler, der jetzt erst recht verwirrt war. „Aber Wurzel kann doch mich lieben oder Peterl oder beide, warum braucht er einen anderen Hund?" OKO schaute ratlos.

„Es geht nicht nur um das Gernhaben und Lieben, entscheidend dabei ist der Wunsch nach Befriedigung der Triebe und Fortpflanzung, und das funktioniert nur mit der eigenen Rasse", dozierte PING.

„Rassist", rief OKO lachend, er hatte schon kapiert, wie schwierig die Lage war. „Wird Wurzel mich dann nicht mehr gerne haben, wenn er sich entschieden hat und wird DINKO nicht mehr mein Bruder sein?"

„Gewiss nicht", beruhigte PING seinen Freund, „bei Wurzel wird es nicht lange dauern. Wenn sie sich entschieden hat, dann liebt sie den Burschen und dann verschwindet er wieder. DINKO wird seine Flamme zur Faehe seines neuen Heims machen. Sie wird, wie Reineke mit der Mutter DINKOs mit ihm in seinem Schloss zusammenleben. Sie wird auch sicherlich Chefin der neuen Fuchsfamilie werden aber DINKO bestimmt nicht abhalten, alte Freundschaften zu pflegen. Also mach dir keine unnötigen Sorgen."

Sie saßen noch eine Zeit schweigend in der Wiese, PING auf einem Holunderzweig etwas oberhalb OKOs, der noch an dem Gesagten wiederkaute. „Hoffentlich entscheidet sich Wurzel bald", schloss er seinen Gedankengang ab.

Dann erzählte er PING noch von seinen Erfahrungen im Dorf, von den Menschen, die mit Latten und Stöcken ein Fahrzeug beladen hatten, und fröhlich abgefahren waren.

„Das waren Touristen, Schifahrer, die sicher in ein Gebiet gereist sind, wo es Pisten und Seilbahnen gibt. Dort fahren sie dann die Hänge hinunter, auf die sie Lifte hinaufgebracht haben. Ganz lustig, denen zuzusehen, vor allem, wenn sie in den Schnee kugeln."

„Das möchte ich auch einmal sehen", seufzte OKO.

„Nein, für dich ist das nichts. Denn die Schilifte laufen nur, wenn es Schnee gibt. Und wenn es Schnee gibt, schlafen Murmeltiere unterirdisch ihre Winterpause durch, weil es da nichts zu fressen gibt." PING lachte.

„Wieso gibt es da nichts zu fressen?" fragte OKO erstaunt.

„Du erinnerst dich nicht mehr? Im ersten Winter deines Lebens hast du auch im Bau geschlafen, erst als der Schnee weggetaut war, konntest du ins Freie. Am Berg gibt es keine Bäuerin und keinen Peterl, der dir dein Müsli serviert." PING schüttelte den Kopf, erstaunt über so viel Ignoranz.

„Ich möchte aber wieder einmal auf den Berg", raunzte OKO.

„Dann musst du warten, bis Frühling ist. Dann ist der Schnee von den Almen verschwunden, dann können Murmler wieder ihren Lebensgewohnheiten nachgehen, laufen, suchen, fressen, alles tun, was ihr Herz begehrt."

„Gibt es dann noch Menschen, die mit dem Auto auf den Berg fahren, auch wenn es keinen Schnee mehr gibt?" fragte OKO die weise Bergdohle.

„Dann gibt es zwar keine Schifahrer mehr, die in die Berge fahren, aber Wanderer und Kletterer. Die hast du ja auch schon kennengelernt. Die müssen ja nicht mit dem Hubschrauber kommen, wie die Pensionistengruppe, die du damals gesehen hast. Aber die Menschen können oft ziemlich weit bergauf fahren, ehe sie die restliche Strecke zu Fuß zurücklegen." OKO hatte sich gar nicht mehr an sein Leben auf der Alm erinnert. Erst PING musste ihn darauf stoßen.

Jetzt begriff er, „du meinst", wandte er sich an PING, „im Frühjahr fahren auch Menschen mit Autos auf den Berg."

PING bestätigte, „genau so viele, wie im Winter, nur halt ohne Schi."

Für OKO war es ein ganz wichtiger Termin gewesen, der mit Doktor PING, dem Philosophen und Psychologen. Und er sagte ihm das auch. „Jetzt geht es mir wieder gut, ich weiß, dass Wurzel wieder an mich gekuschelt schlafen, dass DINKO uns wieder besuchen kommen wird und dass ich irgendeinmal wieder in die Berg fahren werde. Danke dir, mein PING."

PING fühlte sich natürlich gebauchpinselt und hob stolz den kleinen schwarzen Kopf mit dem gelben Schnabel, ehe er aufflog und meinte, „jetzt begleite ich dich zum Hof zurück und empfehle mich dann zu meinen Gipfeln."

Beim Hof angekommen, drehte die Alpendohle einen Kreis, wippte huldvoll mit den Flügeln und stach in den Himmel.

KAPITEL 15

Es waren unruhige Tage am Hof des Jäger-Bauern. Täglich folgten Rüden den von Wurzel ausgelegten Duftnoten, schlichen auf den Hof. Aber diese Hunde waren nicht gefährlich, denn sie hatten nur ein Bedürfnis, Wurzel allein zu treffen und hechelten um die Wette. Es half nichts, wenn ihnen die Bäuerin Fleischreste oder Knochen hinwarf, sie wurden nicht angerührt und das Gehechel und Fiepen hörte nicht auf. Selbst die bedrohlichen Angriffe der beiden Auserwählten halfen nicht mehr. Es waren zu viele.

OKO zählte an einem Tag 14 Hunde, die zu Besuch gekommen waren. So viele Rüden gab es doch gar nicht im Ort. Die Message von Wurzels Läufigkeit musste wohl kilometerweit gedrungen sein.

An einem Abend, es dämmerte schon, wurde es dem Jäger-Bauer zu bunt. Die Freier dachten einfach nicht daran, den Hof zu verlassen. Er holte seine Flinte aus dem Gewehrkasten, stellte sich in die Haustüre und rief: „Verschwindet ihr Biester, oder es knallt." Keine Reaktion. Die Biester machten keine Anstalten zu verschwinden. Da legte der Jäger-Bauer an. Es knallte. Obwohl er keinen der Hunde getroffen hatte, dies auch nicht wollte, trollten sie sich nun doch. Die meisten mit eingezogenen Schwänzen, wo sie doch zuvor noch so tatendurstig gewedelt hatten.

Aber so aufdringlich waren die ihren Trieben folgenden Rüden nur an diesem Tag. Bisher hatten sie sich meist ohne Murren vertreiben lassen. Wurzel hatte wahrscheinlich besonders intensive Signale ausgesendet. Am nächsten Tag war es dann endlich so weit und damit auch wieder zu Ende. Als erster Gast war der nimmermüde Bairische auf den Hof gekommen. Wurzel stellte sich neben ihn. Sie beschnupperten sich vorne, hinten, überall.

Dann ritt der Rüde auf, Wurzel blieb regungslos stehen. Sie hatte es so gewollt. Eine lange halbe Stunde. OKO, der das alles beobachtet hatte, schien es eine Ewigkeit. Er fürchtete um seine Wurzel, aber sie schien nicht unglücklich zu sein. Dann lösten sich die beiden Hunde aus ihrer Extase und trennten sich. Wurzel schüttelte sich befriedigt und zog sich in die Hundehütte zurück. Der erfolgreiche Freier verließ erhobenen Hauptes den Hof.

„Gott sei Dank war der Bairische ein Frühaufsteher und somit der erste", dachte der Jäger-Bauer, „wer weiß, ob Wurzel in ihrer Lust nicht jeden genommen hätte, welche Rasse auch immer." Müßig darüber nachzudenken.

OKO schlich sich in die Hundehütte und näherte sich behutsam der Freundin. Sie wedelte ihn an, schleckte über seine Nase und grunzte zufrieden. OKO sprang aus der Hundehütte und hopste Freudenbewegungen „alles paletti!" Er lief ins Haus, um die freudige Nachricht zu überbringen.

Die Bäuerin tätschelte ihn liebevoll. „Kann sein, dass es in einigen Wochen wild zugehen wird am Hof, wenn es gefunkt hat", orakelte sie.

Was nun gefunkt haben sollte, war OKO unklar, aber PING würde ihn schon aufklären, wenn er wieder zu Besuch kommt.

„Wenn nun DINKO auch wieder normal wird, dann ist ja alles wieder beim Alten. Ich werde das morgen gleich überprüfen. Vielleicht geht Wurzel mit." Mit diesem Gedanken schlief das nun nicht mehr von Unsicherheit gestresste Murmeltier neben Wurzel ein. Und zwar tief und fest.

Wenige Tage nach Einkehr der Ruhe am Hof schlich DINKO am frühen Morgen zur Hundehütte. Die zwei Insassen waren noch gar nicht wach. Sachte stupste der Fuchs OKO. Dieser hatte schon in den Tag hinein gedämmert und war sofort hellwach. „Guten Morgen DINKO, schön dich zu sehen", empfing ihn das Mankei. Wurzel war natürlich auch wach geworden.

„Na ihr zwei Langschläfer, der Tag hat schon längst begonnen", lachte DINKO. „Ich will euch meine DUNKA vorstellen. Sie ist zu mir gezogen und es ist wunderbar. Sie hat allerdings nicht gewagt, auf den Hof zu kommen, um meine Freunde hier kennenzulernen. Kommt ihr mit "?

Sofort waren die beiden bereit. Sie folgten DINKO, der gleich nach der Einfahrt nach links abbog und zur Bachbiegung vorausging.

„Komisch, was die beiden Narrischen wieder zu tun haben", dachte die Bäuerin, die das Frühstücksmüsli vor der Hundehütte abstellte. Schüttelte verwundert den Kopf, denn auf das Müsli hatten ihre zwei Hofbewohner noch nie verzichtet. Dann ging sie ins Haus zurück.

An dem Ufer, das sich wie ein Knie um den Bach bog, blieb DINKO stehen, rief kurz in das Gebüsch, das seitlich wucherte. Wurzel und OKO waren herangekommen. Da trat eine wunderschöne Füchsin aus dem Dickicht. Sie war etwas kleiner als DINKO. In vollendeter Manier stellte DINKO seine Flamme den beiden Freunden vor, die sofort höflich die Köpfe neigten und sich ganz nahe an DUNKA heranmachten, um sie zu beschnuppern. Im ersten Moment war die kleine Füchsin vor Wurzel zurückgewichen, doch DINKO winkte ihr beruhigend zu. Sie kam wieder heran, ließ sich beschnuppern, die Nasen trafen sich. Hätte der Jäger-Bauer das gesehen, es wäre ihm sicherlich einige Fotos wert gewesen.

Einmal kennengelernt wussten die Tiere, dass die Freundschaft fürs Leben halten würde. Es waren eben Tiere und nicht Menschen.

KAPITEL 16

OKO sah nun, dass nicht nur der Schnee sich anschickte im Frühling zu verschwinden, auch das Eis hatte den Bach wieder freigegeben. Manchmal kamen noch einige Brocken geschwommen. Der Wasserstand war ziemlich hoch. An manchen Stellen überflutete das Wasser die Uferränder. Das bedeutete, dass auch weiter oben in den Bergen das Tauwetter eingesetzt hatte.

„Du bist so still", meinte DINKO zu OKO gewandt, „fehlt dir etwas? Bist du traurig?"

OKO antwortete nicht sofort, weil er eigentlich nicht einordnen konnte, was ihn bedrückte.

„Ich sehe dich und DUNKA, wie ihr glücklich seid. Ich habe Wurzel erlebt, wie sie in seliger Freude war. Irgendetwas fehlt mir vielleicht wirklich, aber ich kann euch nicht sagen, was." Eine Weile war es still, dann meldete sich DUNKA vorsichtig, „du wünschst dir wahrscheinlich eine OKA, die du lieb haben kannst, so wie ich DINKO." Wurzel und DINKO waren empört, „aber OKO hat doch uns, wir lieben ihn und er hat uns lieb."

„Natürlich habe ich euch lieb und bin froh euch zu haben, aber..." OKO sprach nicht weiter. Er musste auch die Worte von PING denken. Nachdenklich winkte er den beiden Füchsen zu, „bis zum nächsten Mal." Damit ging er voraus, zurück zum Bauernhof. Langsam und den Kopf voller Flausen. Wurzel verabschiedete sich noch vom füchsischen Paar und folgte OKO nach.

Fast jeden Tag zog es OKO nun in den Ort. Alleine oder mit Wurzel. Manchmal kam auch Peterl mit.

Er beobachtete die Leute, die Autos, vor allem interessierte ihn das Geschehen beim Hotel.

Wurzel und Peterl konnten sich nicht klar werden, was OKO mit diesen Ausflügen bezweckte. Und wenn sie danach fragten, bekamen sie Antworten, die sie auch nicht klüger machten.

Aber was hätte OKO antworten sollen. Er wusste doch selbst nicht genau, was er wollte.

Er verspürte nur den Wunsch in sich, wieder einmal auf einer Almwiese herumzumurgeln. Und noch eine ganz andere Sehnsucht, die er jedoch nicht einordnen konnte. Aber es musste wohl damit zusammenhängen, was er bei DINKO und DUNKA mitbekommen hatte. Ein Zoologe würde nun sagen, er hat seinen Sexualtrieb entdeckt.

OKO hatte kein Heimweh. Er fühlte sich sehr wohl am Hof des Jäger-Bauern. Er hatte Freiheit, hervorragende Küche, Freunde, es wurde nie langweilig. Es fehlte an nichts.

Wirklich an nichts? Manchmal war so ein unbestimmter Druck in seiner Brust, dann musste er seufzen. Der Druck hatte sanft begonnen, nachdem ihm PING die Vorgänge am Hof mit Wurzel und ihren Verehrern erklärt hatte. Und war jetzt nach dem Treffen mit DINKO und DUNKA zentnerschwer geworden.

Was würde der Wissenschaftler sagen? „Murmeltiere sind mit dem Alter von zwei Jahren geschlechtsreif. Punktum!"

Was auch immer, OKO war unruhig, selbst wenn er ruhig schien, ruhelos. Innerlich ruhelos.

An einem späten Nachmittag, OKO war gemeinsam mit Wurzel und Peterl im Ort, bemerkte er vor dem Hotel reges Treiben. Einige junge Burschen und Mädchen waren damit beschäftigt, einen „Jeep", so hörte er von Peterl, mit Gegenständen zu beladen. Stöcke mit Spitzen, Seilen, Helmen, Eisenkrallen, die man an die Schuhe binden konnte – „Steigeisen", dolmetschte Peterl. Und noch verschiedene undefinierbare Gepäckstücke. Bis alles verstaut war, dauerte es ziemlich lange. Es waren ja auch viele Menschen für wenig Auto. Als es schon zu dämmern begann, waren sie endlich so weit fertig. „Kommt", rief eine junge Frau, „jetzt gehen wir anständig dinnieren in die Gaststubn, dann ab ins Bett. Weil morgen Früh geht's ab in die Berg."

Im Gänsemarsch verschwanden die Bergsteiger im Wirtshaus Eingang.

OKO inspizierte das Fahrzeug von unten. „Was macht OKO unter dem Jeep?" fragte Peterl die Hündin. „Ich weiß es nicht, "antwortete Wurzel, „oder will es nicht wissen", fügte sie fast unhörbar hinzu.

An der Unterseite des Fahrzeuges gab es eine Stahlplatte, die anscheinend die nach hinten führenden Rohre abdecken und schützen sollten. Dort wäre gewiss Platz genug für ein kleines Murmeltier, dachte OKO bei sich. Er war schon im großen Van des Jäger-Bauern mitgefahren, allerdings auf einer bequemen Sitzbank. Nicht ganz überzeugt kroch er wieder hervor und wackelte zu den beiden Gestalten, die am Straßenrand auf ihn warteten. Auf Fragen, was er denn da unter dem Auto gesucht hätte, murmelte er eine unverständliche Antwort und schlug den Weg Richtung Bauernhof ein. Die beiden schlossen sich schweigend an.

An einer Weggabelung wandte OKO sich jedoch nach rechts Richtung Waldrand. Noch immer kein Wort. Erst als ihr Führer den Weg hinauf zur Lichtung einschlug, ahnten Wurzel und Peterl, wohin er strebte. Zu DINKOs Bau.

OKO hatte sich entschieden. Wie er sich nach dem Hubschrauber Besuch auf der Alm entschieden hatte. Morgen wollte er in die Berge. Und heute wollte er sich noch von seinem „Bruder" und dessen Freundin verabschieden. Was er sagen würde, wusste er nicht, aber es würde ihm schon noch einfallen.

Beim Bau angekommen schlüpfte OKO den unteren Eingang hinein. Die beiden Begleiter gingen gleich hinauf auf das Plateau. Vergebens. Der Unterschlupf war leer, die Bewohner ausgeflogen.

Da die Dämmerung schon hereingebrochen war, hatte es wohl auch keinen Sinn zu warten, denn wenn die zwei auf Nahrungssuche waren, konnte das die halbe Nacht dauern. Füchse sind gerne in der Nacht unterwegs, das wusste OKO noch aus der Zeit, in der er im Fuchsbau zu Hause war.

Er kroch hinaus auf die Aussichtsrampe, wo die beiden Kameraden schon warteten. Da

OKO alleine erschien, meinte Peterl „wir müssen morgen wiederkommen, jetzt wird es schon spät."

Traurig nickte das Murmeltier, es hätte wirklich gerne Lebewohl zu DINKO gesagt, ließ sich aber die Enttäuschung nicht anmerken, wie er meinte. Dann drehten sie um und zogen Richtung Bauernhof.

Die Bäuerin hatte schon Abendbrot gerichtet. Peterl, der erzählte, dass sie gemeinsam im Ort gewesen und dann im Wald DINKO vergeblich gesucht hatten, aß lustlos den Grenadiermarsch, den er sonst mit Heißhunger verschlang. Nahm kein zweites Mal und ging noch hinaus zur Hundehütte. Dort hatten Wurzel und OKO bereits ihre Mahlzeit beendet und sich in die dunkle Hütte begeben.

Peterl kniete nieder, um besser hineinschauen zu können. Dort lagen Wurzel und OKO eng aneinander gekuschelt, Wurzel hatte sogar die linke Vorderpfote über den braunen, lieben Zwergbären gelegt. Beide erkannten Peterl am Eingangsloch, Wurzel wedelte freudig, OKO kniff die Augen zusammen. „Er zwinkerte mir zu", sagte Peterl später zu seiner Mutter. „Irgendetwas ist mit OKO los, er ist so seltsam. Glaubst du, dass er unglücklich ist?" „Nein Peterl", antwortete die Frau, „OKO wird uns verlassen. Er will nach Hause, auf die Berg."

„Aber was fehlt ihm bei uns denn. Er hat doch alles was er braucht. Kost und Quartier, Freunde, die ihn gerne haben, und vor allem muss er nicht den ganzen langen Winter schlafen." Peterl konnte den Zwerg nicht verstehen.

„Peterl, du hast recht, er hat alles, was er zum Leben braucht, sogar mehr als das, aber er hat nicht alles, was ihn glücklich macht. Denk an Wurzel und DINKO. Sie haben sich neben Essen, Schlafen und Freunden nach noch etwas anderem gesehnt. Und sie haben es bekommen. Wurzel trägt eine Anzahl von Hundebabys im Bauch, DINKO herzt seine DUNKA und bald wird es im neuen Fuchsbau eine Horde kleiner Füchse geben. Ich kann mir vorstellen, dass OKO eben das zu seinem Glück fehlt, eine süße OKA, mit allem Drum und Dran."

Peterl ging mit gesenktem Kopf in sein Zimmer. Dort legte er sich auf sein Bett und konnte nicht und nicht einschlafen. Die Mutter kam eine Zeit später noch in sein Zimmer und sah das Häufchen Unglück, das Tränen in den Augen hatte. „Sei nicht traurig, Peterl, das ist der Lauf der Welt. Einmal wirst auch du vielleicht von uns weggehen, allein oder mit einer Partnerin. Niemand kann dich dann zurückhalten. Auch ich nicht, obwohl es mir im Herzen weh tun wird", versuchte sie Peterl zu trösten. „Die Sehnsucht hat sich im Kopf von OKO festgesetzt, er wird sich nicht abhalten lassen. Höchstens du sperrst ihn ein. Aber dann wird er wirklich unglücklich und das willst du doch sicherlich nicht. Und jetzt schlafe. Morgen sehen wir weiter."

Die Mutter deckte den Jungen mit der Tuchent zu, gab ihm einen Kuss auf die Stirne und verließ den Raum. Der verzagte Knabe verdrückte noch ein paar Tränen und schlief mit nassen Augen ein.

OKO hatte nicht gut geschlafen. Er war zu aufgeregt, außerdem durfte er nicht zu spät im Ort sein, sonst verpasst er sein Taxi. Kaum wurde es ein wenig hell, schlich sich das Murmeltier aus der Hundehütte, blickte noch liebevoll auf die Hündin, die fest schlief und wäre fast in die Schüssel mit seinem Lieblingsmüsli gestiegen. Die Bäuerin hatte, obwohl es ganz zeitig war, ihm ein Abschiedsfrühstück bereitet. „Wenigstens soll er nicht hungrig in die Berge zurückkehren, wenn ihm das überhaupt gelingt", dachte sich die Frau. Und sie hatte ja recht. Sie wusste nicht, ob er ein Ziel erreichen würde. Ein Ziel vielleicht schon, aber wird es auch sein Ziel sein?

OKO sättigte sich genüsslich und brach auf. Wurzel, die nur so getan hatte, als schliefe sie, schlich verdeckt ihrem Bettnachbarn nach. „Die Hütte wird nicht mehr das sein, was sie mit OKO war, ein Kuschelnest", fürchtete Wurzel schon jetzt.

Es war sehr hurtig unterwegs, das Mankei vom Jäger-Bauernhof und bald im Ortskern. Alles noch ruhig. Das auserwählte Fahrzeug stand noch vor dem Hotel. OKO vergewisserte sich, dass ihn niemand sah und kroch dann darunter. Mit erheblichem Herzklopfen zog er sich mit der weißen Tatze ein Stück nach oben und schlüpfte unter die Stahlplatte. Platz fand er genug. Wie aber die Reise sein wird, davon hatte er natürlich keine Ahnung. Ob rumpelig, ob heiß oder kalt? Ob die Fahrt lange dauern würde oder sehr lange? „Alles egal", brummte er in sich, „es war wunderbar im Tal bei DINKO im Bau, bei Wurzel und Peterl am Hof des Jäger-Bauern. Ich danke euch allen. Am liebsten würde ich euch alle mitnehmen zu meinem Ziel, das ein Paradies ist." OKO hatte vergessen, dass er vor langer Zeit ausgezogen war, um dieses „Paradies" hinter sich zu lassen.

Dann ging es sehr rasch. Die sechs jungen Menschen kamen aus dem Hotel, verstauten noch ein paar Taschen im Fond und stiegen ein. Der Fahrer ließ den Motor an und wegfuhr der vollgestopfte Wagen samt dem blinden Passagier. OKO konnte ganz gut seitlich auf die Straße sehen. Das Holpern war nicht so schlimm. Da sah er Wurzel stehen. Mitten am Platz, um den der Wagen jetzt kurvte, und ganz hinten an einem grünen Zaun saß DINKO. Er konnte sich nicht gut verstecken, aber er hatte das Risiko auf sich genommen. Er nickte seinem „Bruder" zweimal zu, dann war das Auto um die Ecke gebogen und außer Sichtweite.

Wurzel hatte DINKO schon bemerkt und trabte zu ihm. Gemeinsam wollten sie den Dorfplatz vor der Kirche verlassen. Beide hatten Tränen in den Augen.

Da rauschte etwas ober ihnen. Flügelschlag. Ein schwarzer Vogel mit einer Flügelspannweite von mindestens siebzig Zentimetern stieß zu den beiden traurigen Tieren herunter. Wie hatte PING das riechen können? Der Schatten, den er in der tiefstehenden Morgensonne warf, war riesig, richtig unheimlich.

„PING, beeile dich, der Transport von OKO ist gerade weggefahren. Mit OKO." Doch dieser beruhigte, „Ich habe ihn schon im Visier, ich werde ihm folgen bis zum Ziel, das wir nicht kennen, aber wahrscheinlich OKO auch nicht. Die alte Knatterkiste entkommt mir nicht. Ich melde mich." Und ab flog die Dohle dem OKO Transport nach.

Sie waren beruhigt, dass PING diese ganze blödsinnige Aktion wenigstens überwachen würde und dennoch waren sie zutiefst traurig. Denn, dass sie OKO wiedersehen würden, daran glaubten sie nicht.

Aber zumindest wird PING ihnen berichten. Denn das hatte er ihnen versprochen.

Unterhalb des Kirchenplatzes wartete DUNKA auf die beiden, die im erwachenden Dorf schon neugierige Beobachter animiert hatten. „Schneller, ihr zwei Traumtänzer", rief ihnen DUNKA zu, „lasst uns abhauen. Schaut da kommt gerade Peterl, an dem Kopf und Schultasche traurig hängen. Wurzel, du solltest ihn ein wenig zu trösten versuchen."